Jean HEUZEY

(1896-1927)

Pages Intimes

CORRESPONDANCE ET JOURNAL

(1925-1926).

" Editions Spes "

17, rue Soufflot, PARIS (Ve)

1930

PAGES INTIMES

Jean HEUZEY

(1896-1927).

Pages Intimes

CORRESPONDANCE ET JOURNAL

(1925-1926).

" Editions Spes "

17, rue Soufflot, PARIS (Ve).

1930

NOTICE

Mon fils aîné Jean naquit le 4 mai 1896.

Dans les différentes villes où le conduisit ma carrière d'officier, il fit de solides études et partout, à Notre-Dame des Aydes, de Blois, en particulier, il laissa le souvenir d'un enfant réfléchi, sérieux, appliqué, d'une intelligence ouverte. Pour nous, ses parents, il fut toujours un fils modèle, très respectueux et rempli de sentiments d'une grande délicatesse.

Peu de temps après la déclaration de guerre, il s'engageait au 45ᵉ Régiment d'Artillerie, à Orléans. Ce que l'enfant avait promis, le jeune homme le réalisa : ses chefs n'eurent qu'à se louer de lui.

Dès qu'il le put, il saisit l'occasion d'entrer dans une nouvelle formation qui allait sur le front, le 83ᵉ Régiment lourd. Il prit part (au Fort Saint-Michel) à la bataille de Verdun; puis, brigadier, il passa au 109ᵉ Régiment d'artillerie; il y gagna les galons de maréchal-des-logis après la dure offensive de la Somme (octobre-novembre 1916).

Quand il eut l'ancienneté voulue, ses chefs le proposèrent pour l'École de Fontainebleau. Il sortit en tête de sa promotion, le premier de l'Artillerie lourde.

L'aviation l'attira immédiatement. A l'escadrille 33, où il fut nommé, les citations qu'il mérita, témoignent de son énergie, de son entrain et de son intelligence au cours de périlleuses missions.

Jean, démobilisé, quitta l'armée et obtint un poste

à la Mission française des Charbons, à Anvers. Il y resta deux ans.

Puis, un peu las de sa vie d'exilé, de sa « vie errante » comme il disait, il put enfin avoir un poste à Paris et se rapprocher de nous.

Mais sa santé, si belle jusqu'alors, le contraignit bientôt de quitter Paris pour aller se soigner à la montagne.

Pendant trois ans, il lutta contre la maladie. Jamais je n'ai entendu sortir de sa bouche le moindre cri de révolte. Il se soumit avec une grande abnégation ; il avait fait à Dieu le sacrifice de sa jeunesse, si pleine d'espérance.

Les lettres qui sont en tête de l'ouvrage nous ont été envoyées par l'ami très cher à qui elles avaient été adressées. Il les avait pieusement conservées.

Les notes, écrites de novembre 1925 à septembre 1926, ont été trouvées dans les papiers que mon fils m'a laissés et dont il me parla seulement quelques jours avant sa mort.

Pourquoi me suis-je décidé à publier ces lignes, si intimes? Pourquoi ne pas les avoir conservées jalousement pour nous, comme un souvenir précieux de l'enfant charmant que nous pleurons?

C'est que ces récits contiennent une haute et puissante leçon d'énergie, un exemple de caractère : n'est-il pas utile de montrer l'ensemble des sentiments élevés et la force morale qu'une grande foi peut donner?

C'est cette foi qui a soutenu et consolé notre fils.

Colonel HEUZEY.

Harcanville, juillet 1930.

PREMIÈRE PARTIE

CORRESPONDANCE

Anvers, 24 décembre 1922.
Veillée de Noël !

MON CHER MARCO,[1]

Quelle tristesse m'a laissée la lecture de ta carte!
Je vois si bien ce début de service, l'ayant connu
comme toi-même en des jours plus sombres (1915).
— Ta carte m'a fait absolument revivre toutes ces
impressions. Sois sûr que je suis de cœur avec toi.
Il y a quelques mois durs à passer, je te l'avais
bien dit à Paris, mais tout cela s'arrange vite.

Évidemment, le contraste est grand entre la vie
de famille et le régiment auquel rien ne te
préparait; mais, crois-moi, sois simple, bon enfant,
fais ton service avec le sourire et prends comme
devise : moi, je ne m'en fais pas. Évite le plus
possible, au début, de faire allusion, dans ton
milieu, au général X. Il ne faut pas se faire mal voir.
Et si tu fais ton « boulot » honnêtement, tu verras,
l'estime de tous te sera rapidement acquise. Tu
vois tous les petits côtés, à présent... mais n'oublie
pas *Grandeur et Servitude militaire !*

Un point m'inquiète : tu me parles fort peu de
ta santé. Où en est-ce? Tu me dis être dispensé de
cheval : c'est donc que tu as vu le major, j'aime
mieux cela. Tu rattraperas vite.

Je n'aime pas les idées noires. Il faut, il faut
liquider cela rapidement. Tu n'as aucune cause, ni
raison d'en finir en quarante-huit heures. (Tu peux
être sûr que, si la chose était grave, je viendrais
de suite.)

1. Son ami Marc de R...

C'est le fruit du premier cafard; il faut le secouer avec un peu d'énergie.

Voyons, Marco, tu n'es plus un gosse, tout de même! Sois brave et fort, regarde les autres, fais comme eux. Tu devrais faire mieux qu'eux! Alors un peu d'énergie... C'est promis? Rien qu'en pensant à moi et pour me faire plaisir... Puis écris-moi bien vite une bonne lettre, bien tendre, bien courageuse, quelque chose comme un premier sourire sur un visage en pleurs!

Va, petit! Ce n'est que ton premier essai, seul dans la vie. Garde tes larmes pour des choses plus sérieuses. Sois tranquille, la vie cruelle se chargera bien de te fournir de plus pénibles occasions où tu pourras pleurer...

As-tu déjà un aperçu de tes camarades? Dans un régiment de cavalerie sur le Rhin, il me semble que tu pourras trouver quelques amis. Je crois qu'il vaut mieux passer ses soirées en groupe, même sans grandes sympathies, que seul. Surtout quand on a le cafard. C'est encore un peu mon expérience qui te conseille. Mais comment prendras-tu tout cela? Je me le demande.

Seul, ce soir, en attendant onze heures et demie pour aller au traditionnel et poétique office de minuit, tout mon être est tendu vers toi. Je cherche dans les quelques mots que tu m'as écrits, à déchiffrer ton état d'âme. Promets-moi de me faire un peu confiance, et si ma lettre ne te plaît pas à la première lecture, eh bien, relis-la une seconde fois, et alors seulement mets-la au feu!

Au revoir, gosse, à bientôt de bonnes nouvelles, et du courage, hein!!!

JEAN.

*
* *

Anvers, 16 janvier 1923.

MON CHER MARCO,

J'ai trouvé ta bonne lettre en rentrant.

J'ai été heureux, très heureux de constater une sérieuse hausse du baromètre moral.

Est-ce présomption de ma part, ou simple coïncidence, si cela correspond à l'arrivée de mes premières lettres?

J'espère que c'est un peu des deux et je me laisse aller ce soir, moi si peu écrivassier, à cette très douce accoutumance de causer à cœur ouvert avec toi.

Jusqu'à présent nous avons surtout causé de toi, aujourd'hui je me mets sur la sellette. Je t'avais dit que je devais quitter Anvers ces temps-ci et que je cherchais à rentrer en France (Paris bien entendu, de préférence). Eh bien, de ce côté mes projets n'avancent pas. Pourtant on s'occupe de moi.....

Je suis tellement las de cette vie d'exilé... Par contre, la situation actuelle du côté de la Ruhr redonne beaucoup d'activité à la question des charbons allemands dont je m'occupe en ce moment[1].

Heureusement je m'occupe exclusivement des questions de transport, et il n'est pas question que j'aille à Essen que je connais bien pourtant. On m'offre, en ce moment, deux situations, une

---

1. Il était attaché à la Mission française des charbons à Anvers.

à Gand, l'autre à Rotterdam. A Gand, c'est une chose neuve à monter où je serais mon maître. Mais Gand, quel trou! A Rotterdam, c'est dans le genre de ce que j'ai ici, en plus important.

Je dois aller la semaine prochaine à Paris et décider.

Voilà, mon vieux Marco, où en sont mes affaires. Ce n'est pas bien drôle et je t'assure qu'à mes heures noires, j'ai bien envie aussi de crier, comme T. Derême : « Garçon, apportez-moi du fiel dans un grand verre! »

Car je ne te donne que les grandes lignes, en passant sous silence les mille petits mécomptes dont l'existence est empoisonnée.

Mais, vois-tu, contre tout cela on finit par se vacciner : l'auto-vaccin!

Moi aussi j'ai eu un cœur sensible comme le tien au moindre heurt... puis, peu à peu, il s'est immunisé contre les déboires de la vie. Il s'est bardé de fer.

Quand je suis seul, que je me recueille, je regarde dans mon cœur (très bien fermé pour les autres); chaque fois, je suis surpris d'y trouver non pas « un clair de lune » dormant, mais un merveilleux soleil ardent, un soleil clair et gai, réchauffant, un jeune soleil de printemps qui embellit tout. C'est le « feu sacré » sur lequel je veille avec vigilance : tu sais bien qui en est l'"Animateur!"

D'un mot charmant tu me demandais de te parler beaucoup de mon esprit et de mes affaires. En somme c'est tout le programme de ma lettre, sauf que j'ai remplacé l'esprit par le cœur qui est bien tien.

Jean.

***

Anvers, 20 janvier 1923.

Mon cher Marco,

Ce que tu me dis de tes yeux, me rend atrocement triste! Et dire que je suis cloué ici pendant que tu souffres là-bas... Mais aussi, a-t-on l'idée, pauvre gosse, de se frotter les yeux avec ses doigts sales? On ne doit jamais se frotter les yeux, d'abord. On m'a appris cela, à six ans, je crois. En plus tu dois savoir que c'est excessivement mauvais quand on touche aux chevaux.

Assez de morale. Mais si j'en fais, c'est que tu m'y forces. Morale... ou cours d'hygiène plutôt!

Mon pauvre Marco, que tu me donnes de soucis! Je t'ai déjà dit et je te répète que toutes tes souffrances je les endure doubles, triples même, au moral. Que veux-tu, c'est dans mon caractère, et puis je ne pourrais pas m'attacher à quelqu'un qui serait trop heureux... (probablement par similitude avec moi!)

La vie est-elle autre chose qu'une lutte? Vérité affreusement banale à force d'être vraie! Donc (encore une rengaine), Marco, du courage : car nous voulons vaincre — en latin de cuisine — *volumus vincere...*

Je blague, essayant de te faire sourire. Puisque tu me dis que mes lettres te font tant plaisir, je les voudrais gaies pour qu'elles te rendent gai et remplacent quelques instants « l'adorable trio » qui entoure mon pauvre détraqué de Marco. Alors j'endosse péniblement et ridiculement, j'avoue, les frusques de Paillasse et j'essaie sans ardeur de

faire comme lui! Mais comme lui, pauvre Paillasse,
je suis triste au fond...

J'ai passé aujourd'hui un grand moment dans ta
chambre d'infirmerie. Si une ombre t'a semblé,
le soir pendant que la pluie tombait monotone, se
pencher sur ton épaule, inutile de te casser la
tête, mon vieux Marco, ce spectre n'était autre
que ma pensée...

Des livres tu m'as demandé? Je ne sais trop ce
que tu as pu lire ces temps derniers; moi, je suis
très en retard. Tracassé de tous côtés, je n'ouvre
guère de bouquins en ce moment. Ces temps derniers,
je relisais, le soir, le « voyage autour de ma chambre »
de ce vieux de Maistre.

Il y a beaucoup de philosophie vraie là-dedans

As-tu lu les Psichari? Moi, j'en suis fou. Tu les
connais dans l'ordre : « Terres de sommeil et de
soleil de feu », « l'Appel des Armes », le « Voyage
du Centurion ».

As-tu lu aussi « Suprêmes visions d'orient », de
Loti? Farrère vient de faire paraître une longue
étude : « Turquie ressuscitée ». Le rapprochement est
intéressant, chacun dans leur genre.

Je ne te conseille pas « Où va la France, où va
l'Europe », de Caillaux, pourtant un économiste,
dit-on, remarquable!

Dans un autre genre, il y a les « Lettres inédites
du Père Lacordaire à deux jeunes Alsaciens ». Quel
homme extraordinairement sensible, qui, dans son
activité inlassable, trouvait encore le temps d'écrire
de longues lettres, pleines du plus merveilleux
amour! Et fidèle à ses amis, jusqu'à la mort... ce
qui est rare.

Je t'ai parlé à Paris du « Portrait de Dorian
Gray », c'est poignant.

Dans les modernes, il y a Roger Martin du Gard; connais-tu? Il commence une série, les Thibault. J'aime assez le premier : le cahier gris, où notamment se trouvent des lettres charmantes.

Voilà quelques impressions. Tu dois être beaucoup plus au courant que moi, toi qui viens de Paris.

Mon vieux Marco, il est tard! Je voudrais que cette lettre parte. Je te quitte. Le coiffeur, le charretier et l'autre, « l'adorable trio », dorment profondément et bruyamment... ils ont des consciences simples.

Je me lève, tu fermes ton livre dans ta chambre propre et tiède d'infirmerie; ta tête seule sur l'oreiller émerge du drap bien blanc; je borde tes couvertures pour que tu n'aies pas froid cette nuit... et puis... j'ai une minute d'hésitation en te regardant, pendant que tes paupières lourdes se ferment : je ne te connaissais pas cette tête rasée de forçat! Mais je suis vite rassuré, c'est bien toi. Alors je me penche et mets mes lèvres un instant sur ton front. Tu dors. Je me sauve sur la pointe des pieds... Les trois autres ronflent très fort, si fort qu'on n'entend plus la pluie tambouriner aux vitres.

Ton

JEAN.

***

Paris, ce 26 février 1923.

Mon cher Marco,

Tu m'excuseras, je t'écris du bureau dans un moment d'accalmie[1].

J'ai eu hier soir ta lettre envoyée à Anvers que

1. Il avait été nommé à Paris, à la filiale des Charbons de la Société des Forges.

l'on m'a fait suivre de Belgique. Tu as dû aussi recevoir ma première lettre de Paris.

Je suis momentanément très mal installé, mais j'ai le grand avantage d'être à quelques minutes de mon bureau, cela est appréciable quand, on est très tenu, comme je le suis. Ma famille m'a proposé quelque chose de son côté, à Auteuil; je ne veux, à aucun prix, aller si loin et préfère une modeste chambre à proximité.

Et toi, que deviens-tu? Es-tu toujours à l'infirmerie? Que c'est long, mon pauvre cher!

Pour moi, pas grand chose à te dire... Te parler de la vie de Paris serait pour moi la chose la plus impossible.

Je n'ai jamais eu autant l'impression d'être aussi peu « Parisien » que depuis que j'y habite. Le fait de tourniquer quatre fois par jour entre la rue de la Boétie et le faubourg Saint-Honoré me font un effet très province! Le soir, je suis peu en train pour me lancer dans la grande vie! Je suis juste allé à l' « Amour masqué », l'opérette de Sacha Guitry. L'ensemble est assez réussi. Il y a quelques traits vraiment drôles. Y. Printemps y chante bien.

Pour les « Maximes de Champfort », dans les Maîtres du livre, c'est épuisé. Je regrette de n'avoir pu te l'envoyer.

Je te quitte, car ma lettre commence à être hachée par un certain nombre de coups de téléphone... Après l'accalmie, voici l'orage.

Très tien affectueusement,

JEAN.

*
* *

Paris, ce 23 mars 1923.

Mon cher Marco,

Je rentre de bonne heure ce soir, l'âme un peu triste de te savoir arrivé, pour quelques jours, si près, et pourtant si loin... dans ce grand Paris.

Où es-tu, à cette heure?

Mon seul désir en ce moment serait de te savoir un peu heureux, un peu seulement, je dis, car je suis persuadé qu'un bonheur infini pour nous n'existe pas.

Nous sommes trop raffinés et tourmentés pour pouvoir connaître et goûter un plaisir parfait!!

Crois-tu? Tout à l'heure étendu, je feuilleterai quelques pages de Champfort en songeant à toi... c'est là un très grand bonheur pour moi. Puis le sommeil, la bonne mort quotidienne, viendra, ça, c'est le vrai bonheur!!

Compte toujours et entièrement sur moi.

JEAN.

*
* *

Leysin, ce 24 janvier 1924.

Je suis trop las pour bâtir à nouveau. — las des désillusions, las des illusions aussi, las moralement, et las... même physiquement.

Je t'écris de ma chaise-longue, dehors, sur mon balcon de cure, par plusieurs degrés sous zéro et devant un grandiose horizon de montagnes qui, à part les reflets empourprés des soirs purs, sont uniformément revêtues de neiges épaisses et de sapins noirs, une vraie tenture mortuaire!

Cette immobilité morne et solitaire, doit durer longtemps... des ans peut-être; peut-être moins... avec la solution radicale, celle qui vous libère définitivement de tous les soucis humains. Et c'est une volupté de se voir au-dessus du gouffre, gardant toute sa tête... sans pouvoir volontairement quitter l'arête... tout cela dépend de la résistance de quelques fibres de mes poumons trop fatigués!

Alors, à quoi bon bâtir? Planter, comme dans la fable?

Mais expose-moi tes espérances, tes projets, tes désirs.

A toi,

JEAN.

*
* *

Leysin, ce 16 février 1924.

Tu as parfaitement compris ce que je voulais te dire. Je n'ai rien à ajouter..... Si tu désires te rendre un peu compte de ce que c'est, je te conseillerais de lire l' « Immoraliste », d'André Gide. La première partie est saisissante de vérité, à part cette façon de se soigner, à Biskra!

Tu as bien raison, dans ta lettre, de rappeler notre amitié et de l'appeler : le plus beau souvenir de ma jeunesse. Je t'en suis reconnaissant et dans mon dernier mot, j'ai été injuste envers ce souvenir, je ne peux pas être aussi enthousiaste que toi. Tu es jeune, plus jeune que moi, ton caractère est tel. Le mien, tu le sais, était déjà désabusé; il ne lui manquait plus que ce dernier atout pour lui couper toute envie d'espérer! L'espérance du bonheur!! Non, pas même celle de la vie et de la Paix.

.J'ai toujours pour toi un certain Champfort, qu'autrefois je n'aimais pas; maintenant je ne le lâcherais pas pour un empire!

Il y est écrit, quelque part :

« L'espérance humaine n'est qu'un charlatan qui vous trompe sans cesse et, pour moi, le bonheur n'a commencé que lorsque j'ai cessé d'y compter. »

Aie donc un peu pitié de moi; si tu veux m'écrire, fais-le avec bonté, même si j'ai été méchant... par pitié pour la triste loque que je suis.

JEAN.

*
* *

Mont-Saint-Aignan, Rouen, ce 30 mai 1924.

Mon cher Marco,

Tu m'excuseras de ne répondre qu'aujourd'hui à ta lettre du 8 mai, mais j'ai passablement circulé depuis mon court séjour à Saint-Gervais d'où je t'écrivais la dernière fois et la lettre, comme la mienne du reste, m'a poursuivie d'étape en étape dans mes pérégrinations.

Finalement, j'ai dû venir consulter à Paris, il y a une huitaine, et, étant donnée la belle saison qui vient, on m'a permis de passer quelques mois à la campagne en Normandie. C'est là que ta lettre est venue me rejoindre.

J'ai vu avec peine ton accident de cheval : j'espère qu'il n'y paraît plus.

Mes félicitations pour ta mutation au 16e Dragons.

Saint-Germain doit être plus agréable en cette saison que la Ruhr! Surtout continue à me donner de tes nouvelles, j'y tiens. La fidélité de ton attachement m'est très douce. Il y a bien de la tristesse dans ta dernière lettre. J'en suis peut-être un peu la cause?...

Pour certaines lettres que j'ai pu t'écrire dans des moments, non pas de préoccupation, mais d'abattement moral, excuse-moi si elles t'ont fait mal..... tâche de les oublier! Le moral suit forcément le physique, et le physique était si bas!! Tu vois que je me reprends un peu au goût d'écrire avec calme. C'est un renouveau : ce n'est pas encore la grande joie de vivre...

Je bois ardemment ce printemps humide plein de saveurs et de sève et ce soleil un peu lourd qui me coule dans les veines, comme de l'or.

Pour le moment je suis assez bien retapé, avec un gain d'une dizaine de kilogs, et avec des heures de chaise-longue je tiens présentement le coup. Mais... est-ce définitif ou seulement provisoire? C'est ce qu'il m'importerait de savoir, mais ce que j'ignore... La bête rapace est si traître.

Puis qu'importe : l'avenir est à Dieu!

Alors tu vois ce printemps si beau, si heureux que tu me souhaites — d'une façon si charmante que j'en ai pleuré et t'en remercie — il est bien pâle... ou plutôt, pour être plus vrai, il est très ardent, ardent de toute la beauté que je découvre à toute chose, à l'herbe fraîche, aux arbres, à la moindre fontaine, à la fleur, au roi soleil, le grand dispensateur de toute lumière et de toute chaleur... Oh! la divine lumière qui joue dans un rayon de soleil! Ardemment, oui, je voudrais étreindre tout

cela, mais plus ardemment encore, je sens l'insé-
curité de tout... et ma faiblesse et mon amoindrissement..... et tous les désirs que grille le soleil
dans mes membres étendus et cloués immobiles...
et, le bonheur, tout le but de l'homme, auquel
on n'atteint pas.....

Alors, comprends-tu, je peux dire que de ce
printemps si beau et si neuf, je souffre. Éternelle
vie où, dès qu'on voudrait l'étreindre, tout
s'évanouit.....

Et cependant merci, mille et dix mille fois, de
tes souhaits, pour toute la douceur de ta sensibilité exquise où je t'ai reconnu, Marco,

JEAN.

*
* *

Pralognan-la-Vanoise, ce 3 juillet 1924.

MARCO,

Comment te dire tout le très grand bonheur que
m'ont apporté tes lettres?

J'ai dû quitter la Normandie dès les premières
chaleurs pour regagner ma haute montagne — que
j'aime bien d'ailleurs — et coup sur coup tes deux
pensées sont venues me rejoindre : la première
très bonne et touchante, la seconde plus délicate
encore.

Toi seul, que je sache, as le don de manier avec
autant de subtilité instinctive, les mots les plus
simples et les plus profonds, par toute la puissance
d'émotion qu'ils renferment; et dans le rythme de
leur assemblage dont le charme est tout naturel,
j'ai senti, plus d'une fois, le frémissement passionné
de ton cœur très tendre.

C'est là que je te trouve toujours toi-même!

Tous ces vœux m'ont bien touché, venant de toi. Vivre, un point c'est tout, là se borne mon ambition. Quant à tes autres souhaits, comment les accepter malgré toute leur gentillesse?

Il y a déjà longtemps que je suis persuadé qu'avec un cœur trop *subtil* et trop *complexe*, comme le mien — comme le tien que je *connais* un peu semblable au mien — les voies du bonheur sont trop ardues... Ces qualités du cœur se transforment en défauts qui s'opposent au but vers lequel nous tendons; et au bonhéur que l'on cherche partout et toujours, que l'on voudrait à tout prix et que l'on désire de toute l'ardeur d'un cœur passionné, il n'y a pas de pire obstacle que ce propre cœur trop compliqué.

Notre malheur est en nous : nous sommes des monstres qui nous rongeons nous-mêmes, il faut être plus simple pour être heureux!

Et puis l'amitié nouvelle, sincère et désintéressée que tu me souhaites, elle est pratiquement irréalisable — et moralement avec un mal comme le mien, dont les traces subsisteront malgré tout, je ne puis y consentir. C'est la revanche du sort... je l'accepte comme une expiation cruelle — soit... c'est la vie.

Tu comprendras encore mieux, je pense, maintenant, pourquoi toute marque de ta sympathie et en particulier d'aussi délicates que les deux dernières, m'émeut toujours profondément.

Très tien,

JEAN.

Harcanville, ce 20 septembre 1924.

MON CHER MARCO,

Je ne ferai nulle protestation ni excuses avec toi. J'ai passé une mauvaise fin d'été en Savoie, due au temps lamentable dont nous avons été gratifiés cette année. Pour me changer les idées qui tournaient fortement à la neurasthénie, je suis revenu par l'Italie du Nord, au début de septembre, et, il y a quelques jours, je débarquais ici, dans cette vieille maison de famille où nous nous réunissons au moment de la chasse. En arrivant, j'ai trouvé tes cartes et lettres.

Merci d'avoir pensé à moi.

C'est une de mes plus douces consolations, à l'heure actuelle, que ton si cher attachement. A part cette lassitude due à une longue inactivité forcée et à laquelle on m'oblige encore pour un long temps : à part cet ennui d'une vie inutile et complètement vide, d'une vie comme morte, ma santé n'est pas mauvaise et je te remercie du souci que tu en prends.

J'ai vu que tu faisais les manœuvres à Mailly.

Que de souvenirs pour moi ! J'y ai fait mes premiers vols d'entraînement : c'était en 1917... cela est déjà loin! Et souvent je me demande, quand je songe aux années qui nous séparent et que j'avais jugées comme peu de chose, si, au contraire, elles ne sont pas tout un monde, si je ne suis pas un *vieux* pour toi et si, toi, jeune au seuil de la vie, d'une vie que tu dois vouloir belle, brillante et heureuse, tu ne devrais pas secouer le joug de ton attachement pour moi : une si vieille et branlante chose, déjà déchue.....

Tu as vingt et un ans, Marco. Eh bien, vis ! — voilà tout ce que je te souhaite — de toute ton ardente jeunesse, que j'aime plus passionnément que jamais, parce que j'en sens tout le prix ! Vis ! Sois simple et vis, car tu seras bien assez vite désabusé et vieilli.

Ces manœuvres que tu fais dans la boue et qui te déçoivent, pense que moi, je voudrais bien, à ta place, les refaire, même nu-pieds, même à genoux... pourvu que je retrouve toute mon ardeur, ma santé, toute mon insouciance, toute ma jeunesse et ma gaieté de ce temps là... qui ne reviendra plus...

J'écris en courant, tu m'excuseras. Mais en tous cas, sois sûr que tout ce que je *pense* et voudrais exprimer ne vise qu'à ton *bonheur*.

Il y a longtemps que je n'ai plus d'espérance pour moi, mais j'aime encore le bonheur des autres : je voudrais tant le tien, et qu'un peu de mon expérience soit au moins utile à ton cœur complexe...

Bien affectueusement à toi, Marco, cavalier de vingt-et-un ans !

Un vieux,

JEAN.

**
* *

Mont-Saint-Aignan, ce 17 octobre 1924.

MON CHER MARCO,

Reçu tes deux cartes de Bretagne. Merci de cette pensée.

Je me suis offert, à la campagne, après ta bonne

visite, une assez sérieuse rechute et nous sommes rentrés ici dès que j'ai pu faire le voyage en voiture. Cela hâte mon départ vers la grande solitude alpestre et l'oriente vers Leysin.

En sortirai-je jamais?

Attends que je sois installé et t'aie envoyé mon adresse pour m'écrire. Je t'écrirai plus longuement plus tard.

En attendant, bien à toi,

JEAN.

****

Leysin, ce 28 octobre 1924.

MON CHER MARCO,

Me voici depuis trois jours à Leysin. Je n'ai pas encore mis le pied hors de ma chambre, la fièvre me poursuit et me cloue immobile.

Cependant jusqu'à moi parviennent déjà toutes les nouvelles, les « derniers tuyaux », les noms de tous ceux que je connus l'an dernier... et qui ne sont plus de ce monde!

C'est la vie! ici, tout au moins.

Et toi, que deviens-tu? Sous le bel uniforme, es-tu le « marchi » très parisien, ou bien ton âme, embrasée du double feu de la gloire et de l'aventure, rêve-t-elle les grands horizons dénudés de la Syrie, le dernier coin où l'on se batte encore?

La guerre à vingt ans, Marco!

As-tu lu « Philippe Barrès »? Pour moi, c'est passionnant; c'est merveilleusement vécu, senti et rendu... une révélation.

Tu m'as dit avoir « l'Équipage », de Kessel, tu me ferais grand plaisir en m'envoyant ce livre.

Écris-moi, mon ami. Longues, courtes, tes lettres sont les seules qui me rattachent à la vie (en dehors de ma famille).

Vis pleinement et sagement, parle-moi beaucoup de toi.

Ici, temps épouvantable..... Reverrais-je sous le soleil radieux de froid et sous la neige étincelante, le prestigieux horizon de montagnes que j'aimais tant l'an dernier et auquel je demande un peu de secours... d'être le somptueux décor de ma rêverie?...

Ah! pourquoi les lieux et les conditions dans lesquelles on vit, influent-ils tant sur ce que l'on sent? La même réponse me broie toujours : « La vie n'est pas un théorème... mais une série d'accommodements. »

Oh! l'inexorable main d'En-Haut, pourquoi m'accable-t-elle ainsi?...

Ne fais pas attention... c'est la fièvre. Aie pitié, et écris-moi tout doucement comme à un enfant que l'on ne veut pas contrarier!

Très tien,

JEAN.

***

Leysin, ce 20 novembre 1924.

MON TRÈS CHER MARCO,

Vieux papier, vieux souvenirs![1].

Il y avait six ans que ça traînait inutilisé... au fond d'une boite, c'est une résurrection en ton honneur. Imagine-toi presque que c'est un type

---

1. Lettre écrite sur du papier à en tête de l'escadrille 33, une hache, à laquelle Jean avait appartenu pendant la guerre.

de «l'Équipage» qui t'écrit... il peut aussi disparaître d'un jour à l'autre!

Qu'importe, Barrès et Kessel viennent de me faire revivre intensément les années exaltantes que nous avions trop oubliées.

Notre élan était si fou alors! Quel vertige, dont les bouffées, subitement revenues, ont encore, malgré le temps, l'oubli, les soucis et la fortune adverse, le charme grisant d'autrefois.

C'était tout de même une chic génération, pré-destinée et complexe, où «nous étions quelques-uns si étroitement liés par des affinités naturelles et par de communes expériences... à la fois *jeunes* et *vieux*, civilisés et instinctifs, sceptiques et roma-nesques », (tu vois c'est du P. Barrès, je le sais par cœur!).

J'aime « l'Équipage » pour la vie intense et hardie de l'escadrille qui vibre si claire à travers ses pages, comme un moteur bien réglé sur nos chers Salmson, avec toute sa franchise, sa simplicité, sa bravoure sans tam-tam, comme une routine journalière presque, où chacun avait son lot, son tour venu et se devait d'être à la hauteur commune, sans pour cela épater personne, avec, aussi cette cama-raderie ouverte où, sans paroles vaines, un lien si intime nous unissait dans la joie très enfantine et bruyante des grandes bombes, comme dans les coups durs... et les disparitions brutales.

Oui, j'aime « l'Équipage», avec ses types d'huma-nité si divers, réunis là par le hasard, avec seule-ment de commun le goût du risque et d'une lutte plus chevaleresque et confortable que celle de la boue.

Mais ce n'était pas encore cela, une escadrille.

Il fallait l'étincelle qui galvanise le tout en bloc solide, inaltérable, au milieu d'eux tous et portant le feu sacré, il fallait cet animateur au rire jeune et fascinant : le « Thelis », de Kessel!

Quel chic type, hein, celui-là!

Oui j'aime «l'Équipage», mais, malgré tout, j'aime encore mieux « Philippe Barrès ».

Dans Kessel, c'est une suite d'épisodes trop violents, quelque chose d'un peu forcé, peut-être!

Chez Barrès, c'est plus simple, plus humble jusqu'à un certain point, dans l'ensemble, plus vrai : tout est dans l'observation et la réflexion qui en découle...

Enfin, pour moi, mes facultés de sentir et de penser sont identiques.

Ah! la génération merveilleuse où nous étions quelques-uns si étroitement liés!

Je ne sais pourquoi je t'écris tout cela qui ne va guère t'intéresser peut-être... Avec toi, je laisse à ma fantaisie, un peu pour mon égoïste satisfaction, la bride sur le cou. Ton intelligence et ta sensibilité sont assez subtiles pour sentir ces choses, je crois que tu me comprendras : Ce n'est pas du lyrisme, mais depuis six ans, je n'ai pas eu le temps de réfléchir beaucoup sur la guerre et ces ouvrages viennent de m'intéresser, beaucoup plus par ce qu'ils évoquaient que par eux-mêmes.

Ces circonstances extrêmes dans lesquelles nous avons vécu, avec l'enthousiasme de nos vingt ans, nous ont permis un certain enrichissement de nos facultés dont, par contre-coup, vous pouvez, vous plus jeunes, profiter aussi.....

J'espère que ta bronchite va mieux; mais ne fais pas d'imprudence surtout, cela peut aller si loin!! Ne va pas trop au théâtre, même si c'est Lysès, très adorable, qui joue.

Pour moi les deux pôles de ma vie sont toujours mon lit et ma chaise-longue, sur mon balcon. Il fait un temps splendide, soleil radieux et froid sec, tout le vaste paysage de la vallée est noyé dans la brume bleutée qui monte d'en bas; seuls les sommets émergent et découpent sur le ciel pâle, aux tons changeants, suivant les heures du jour, l'arabesque bizarre de leur crête neigeuse.

Peut-être à force de patience forcerai-je le mal à rétrograder! Ces jours derniers ont été meilleurs... l'espoir à nouveau souffle dans les voiles... jusques à quand?

A très bientôt de tes nouvelles, mon jeune fou et très cher Marco!

Fidèlement, avec sa vieille tendresse.

Ton vieux.

JEAN.

*
* *

Leysin, ce 10 janvier 1925.

Mon très cher Marco,

Que te dire, alors que j'ai tant de choses à te dire!

Nous nous déchirons toujours l'un l'autre avec nos cœurs trop sensibles, souvent même sans le savoir.

Pardon, si je t'ai fait tant de mal... avec une lettre arrivée surtout au mauvais moment, à celui où il aurait fallu d'autres paroles, plus douces, plus à mi-voix, comme pour panser et non pour faire corrosif. C'est ma faute, pardon. Si j'ai peut-être été dur, chéri, c'est que, pour moi, tu es l'unique ami, alors je voudrais un peu te modeler, te façonner, te rendre plus identique à mon idéal... comprends-tu cela?

Je t'avoue... cette fois, j'ai bien douté de toi pendant ce long silence. Sais-tu ce qu'il a pu peser à mon cœur inquiet, ce silence? sans un signe de vie à Noël, sans un signe au premier janvier!

Sache seulement que je t'aime assez (ceci pour aujourd'hui comme pour toujours) pour te cacher le mal que tu me fais, ou me feras. Enfin ton cœur m'a généreusement pardonné mes offenses (involontaires)! Je serai sage et gentil dorénavant, je me surveillerai beaucoup, faisant très attention à ne pas écrire quelque méchanceté blessante à ton pauvre cœur si doux et qui m'est si cher!

Me refusant au rôle de « Monsieur le réformateur », je prendrai très avidement ce que tu m'offres, estimant encore mon bonheur bien au-dessus du commun des mortels.

Voici cette année déjà enterrée d'une décade, qu'est-ce dans la vie? Rien; Rien et pourtant ce peut-être la goutte d'eau qui fait déborder le vase. Une semblable viendra où nous ne serons plus rien pour ce monde plein de fantasmagories et de charmes ensorceleurs... Ce monde auquel nous tenons par toutes les fibres de notre cœur et dont nous aimons passionnément jusqu'aux pires affronts, jusqu'aux plus amères souffrances.

Je ne sais quel présage s'inscrit mais ces jours sont tristes à pleurer dans mon cœur... Puissent tes vœux rompre ce lugubre charme! Puissent surtout les miens, moins moroses que mes pensées, t'obtenir un peu de l'immense bonheur que je te souhaite de tout mon cœur ardent.

Intimement à toi,

Jean.

***

Leysin, ce 28 janvier 1925.

Mon ami,

Je n'ai pas de mots pour te dire toute la grande joie qui me coule dans les veines! Hier, ma mère arrivait pour passer quelques jours près de moi... et ce matin je recevais ce portefeuille que tu as très exquisemment choisi pour moi et qui, chance unique, s'appareille à un porte-cigarettes que j'ai déjà! Ah! quand viendra-t-il le jour heureux où, délivré de mes chaînes, je pourrai, utilisant l'un et l'autre, voler à plein express vers toi?

Et cela n'est encore rien, mais le trésor ce sont ces quelques lignes que tu as glissées contre le daim... Quelle ivresse de sentir ta chaude amitié, de ne pas être seul sur cette vieille croûte terrestre... redis-le moi très fort pour que je ne puisse jamais l'oublier, redis-le moi sans cesse pour toute la douceur que j'ai de l'entendre de toi.

Quelle splendeur que la vie! Que d'espoirs, que de projets m'enchantent et que l'avenir est beau, tout ensoleillé!...

Tu vas me trouver bien extravagant... « aujourd'hui plus qu'hier et bien moins que demain! »

C'est peut-être le bacille qui me monte au cerveau : tant pis, tant mieux même, si, au moins, j'ai l'ivresse!!

J'ai beaucoup songé à la « Sorcière »; il n'est

nullement question de te donner celle que j'ai. Mais l'idée mûrit et s'éclaircit. Par-dessus tout, le fait que tu tiennes à la recevoir de moi et le plaisir que je pourrai, de mon désert, procurer à ta richesse, effacent tout autre sentiment dans mon âme. La commande est passée.

Sache seulement et n'oublie jamais que c'est le gage d'une union morale que rien d'humain ne saurait atteindre...

Minuit : tout dort... il neige. Ma pensée plus rapide que la T. S. F. est à Saint-Germain... à moins que Paris...? Anxiété, doute. Qu'importe! Le cœur, le cœur seul compte.

Tout le mien souffre et prie pour toi.

JEAN.

***

Leysin, ce 13 février 1925.

La fenêtre grande ouverte! Il neige! my de ar Marco.

Hier soir reçu ta carte. Je suis heureux de la joie qu'elle reflète, d'autant plus heureux que j'en suis la cause.

Puisse ceci effacer tout ce qui n'a pas de pure clarté, lumière et complète symphonie entre nous... Je le souhaite. Je le veux.

Merci aussi pour moi, puisque je sens chaque ligne, chaque mot, empreint de l'affection si grande que me voue ton cœur aimant. Merci, cher, de l'immense joie que, par contre-coup, je ressens et bois à longs traits, tout altéré de vie que je suis, dans mon immobile et morne existence actuelle...

Que te dire encore, puisque mon cœur n'est plus
que ce pauvre animal, à moitié endormi dans la
haute montagne, genre marmotte, à moitié végé-
tatif, un réservoir perdu (si loin de Paris) auquel
vient boire ma vie ébranlée et qu'alimentent
seulement, comme un filet d'eau limpide, les lignes
d'une écriture fière, tracées par une main amie,
bien droites et régulières, sur du papier bleu...

J'ai donc eu la visite de ma mère pendant une
bonne douzaine de jours, ce qui a été un grand
événement pour moi. Mon frère que tu as vu en
septembre à Harcanville, va rester ici deux ou
trois mois.

Je commence à connaître beaucoup de monde...
C'est un cinéma, ici, souvent bien dramatique.
Des étrangers surtout, des Belges, des Italiens :
Mlle de G..., exquise Florentine et son père,
un vieux marquis épatant, sympathique et bon,
tout racé, qui habite un hôtel de quatre siècles,
plein d'armures damasquinées, de peintures et de
fresques... et la pauvre jeune fille, unique, est
perdue... Mlle de S..., fille d'un gros armateur de
Gênes, Mlles Rosita, Adelita, etc..., argentins, grecs,
mexicains, portugais, américains, anglais! sans
compter tous les métèques...

Voilà pour te donner une idée du « tout Leysin »
1924-25 !

Il y a du choix...

Mais moi, très bas et indifférent à ces réalités
qui ne sont parfois que des fantômes — on en
voit tant disparaître — je vis dans mon passé
comme muré dans une tour! Et, comme le poète,
« pour le purifier et l'embellir et pour m'embellir
avec lui ».

Cet après-midi, j'ai ressorti toutes tes dernières lettres. Et là, sur mon lit très blanc, tous ces carrés bleus à demi-dépliés sont comme des ailes légères, les ailes de mon rêve... qui, malgré le vent et la neige, m'emportent si vite vers toi.

Mais où es-tu maintenant? Que fais-tu?

Je voudrais lire le « Pêcheur d'ombres ».

As-tu lu le « Sang et le Cœur », de Bordeaux? J'aime ses deux derniers romans (celui-là et la Chartreuse du Reposoir) pour cette intime compréhension de la montagne, si calme, si belle.....

J'aurais encore à te parler d'un rêve, d'un rêve mien et cher, où repassent toi, moi... et aussi un chalet perdu dans les neiges si froides des hivers si longs, mais dont l'intérieur est tout réchauffé du brasier de deux cœurs aimants... et non loin, le ranch. Le ranch rare et merveilleux où, soyeux et souples, derrière les grillages doubles, un peu comme des fauves, se promènent nerveusement les renards argentés somptueux, les « silver black fox » à la toison d'or.

As-tu vu dans « la vie à la campagne » de l'été dernier, cet élevage, c'est passionnant! C'est un rêve, rien qu'un rêve... peut-être l'unique moyen pour moi de vivre avec mes pauvres poumons diminués!

Ah! fox, ranch de mes rêves, quelle retraite du monde, quelle austérité, quel calme, quel mépris des vanités. Mais quelle plénitude de vie intérieure, quel élan vers l'Infini, vers l'amour... vers Dieu...

Avec toute ma plus grande, toujours plus grande affection,

JEAN.

**
* *

Leysin, ce 1er mars 1925.

Merci, mon cher grand ami, de ces quelques oasis que tu disposes avec art dans ma vie : un échantillon de chandail, une pièce que tu as aimée!

Ces choses me sont douces parce qu'elles viennent de toi et me parlent de toi. Ce sont des phares qui marquent les escales de ma monotone et grise existence.....

Ces jours derniers n'ont pas été bons pour moi. Qu'est-ce? Mon cœur d'un rien s'effarouche, comprenant enfin maintenant qu'il est un sentiment pour lequel il vaille de vivre. Aussi, sous ton égide chère, par ces quelques mots, j'ai voulu de suite placer ce mois nouveau qui s'ouvre plein de l'imprévu mauvais des dégels trompeurs et ensoleillés!

Je te baise la main, jeune comte.

JEAN.

* *

Leysin, ce 8 mars 1925.

MON AMI,

Ta longue lettre et tes mots m'ont été bien doux : ils sont venus me trouver dans une très mauvaise passe qui malheureusement se prolonge. Je ne sais ce qu'il sortira de tout cela, je me le demande avec inquiétude.

D'autre part, ma soumission est *entièrement faite*, faite aux volontés divines. Si le sacrifice est nécessaire, qu'il me rachète de toutes mes fautes passées et que le surplus soit applicable aux chers miens... et à toi.

Tout ceci n'est pas très gai pour toi, cher jeune ami, et je m'en excuse. Mais quoiqu'il arrive, sache et retiens ces choses.

J'ai bien reçu le « Pêcheur d'ombres » et t'en remercie : c'est mille fois gentil de ta part.

Il fait un temps épouvantable. Peut-être dois-je attendre la fin de ces bourrasques pour retrouver un peu de calme? Je ne sais. Qu'importe.....

Je t'aime plus que jamais, mon seul ami, puisque tout amour cherche Dieu!

Ton

JEAN.

***

Leysin, ce 22 mars 1925.

MON CHER MARCO,

Pourquoi tant de mots? Pourquoi cette rébellion?

Personne dans le monde de la science ne me condamne, mon cher petit. Il n'y a que moi, moi seul, qui vois les résultats où j'atteins, après des mois de repos absolu et de cure complète... Alors, comme il n'y a rien d'autre à faire, que la science ne fait pas de miracle, je sais bien que ce n'est qu'une affaire de temps... Voilà.

Je t'ai dit ces choses, non pour t'attrister, non pour t'apitoyer, mais simplement parce que tu es mon seul ami, mon grand ami, et qu'il me semblerait te cacher une partie de moi-même, si je ne te disais pas tout ce que je pense. D'ailleurs, ne t'ai-je pas dit aussi que j'étais parfaitement calme? heureux, même, dirais-je! Car la vie est-elle autre chose que la course au bonheur? Et quel bonheur trouvons-nous dans les vaines poursuites et les essais de satisfaction de nos sens? On ne trouve pas là la Paix dont on a si grand soif.

Seule ton amitié m'est restée comme un souvenir très doux et plus pure que toute chose... et c'est peut-être par là que j'ai entrevu et désiré le seul plus grand amour, celui du Christ, si divinement humain, c'est là seulement qu'est la Paix.

Aussi ne sachant rien de ce problème qu'est ma vie — sans vouloir chercher à le résoudre dans un sens ou dans l'autre — je dis simplement « Fiat voluntas ».

Voilà des choses bien sérieuses, mon cher petit, et j'ai quelque remords à les imposer à ta méditation. Que veux-tu, c'est le carême. Sans prétendre en rien concurrencer le Père Sanson, prends-les pour un sermon, si tu veux... sermon qui t'unira plus intimement à moi dans l'accomplissement du grand devoir pascal.

Je viens de lire un chapitre de l'*Imitation*, le livre le plus beau qui soit sorti de la main des hommes, a dit un sage; voici ce que j'ai trouvé :

« Le monde passe et sa concupiscence.

« Les désirs des sens entraînent çà et là, mais, l'heure passée, que rapportez-vous? Une conscience pesante et un cœur dissipé!

« La veille joyeuse du soir attriste le matin. Ainsi toute joie des sens s'insinue avec douceur, mais, à la fin, elle blesse et tue. Vous croyez peut-être vous rassasier, mais vous n'y parviendrez jamais.

« Levez les yeux en haut et priez... Laissez aux hommes vains les choses vaines... Fermez sur vous votre porte et appelez à vous Jésus, votre bien-aimé... demeurez avec lui.

« Vous ne trouverez nulle part autant de paix! »

Quelle magnificence et quel commentaire à ce que je te disais tout à l'heure.

Mais, assez prêché... Que te dirais-je encore?

Le temps est abominable, brume, dégel, neige, grêle et eau se disputent à qui mieux mieux pour nous envahir. Alors il faut attendre patiemment que les bourrasques passent... peut-être, aux doux premiers rayons d'un soleil printanier, un peu d'espoir renaîtra avec l'air léger gonflant mes deux vieux soufflets...

Mon père est parti, il y a une huitaine, puis mon frère avant-hier et je suis de nouveau seul. Ma chambre est gaie et claire, sans balcon couvert. Je pense à toi, beaucoup à toi, Marco. Aucune douleur (rien qu'un petit clapet pour me rappeler que le mal est bien toujours là).

Je suis calme sans désirs vains, ce doit être ça la Paix sur la terre.

J'ai fini ma lettre hier soir, je ne veux pas l'envoyer ce matin sans ajouter quelques lignes.

J'ai lu le « Pêcheur d'ombres », grand plaisir mêlé d'un peu de déception... ne m'arrache pas les yeux (je ne l'ai pas vu jouer comme toi par des êtres jeunes et beaux).

Il y a toute une jolie tendresse éparse, surtout dans le deuxième acte. Mais pourquoi est-il fou? Cela me déçoit. Quand m'emmèneras-tu le voir jouer... un jour peut-être... peut-être jamais...

Et les grands voyages? Les Indes, la Chine...

Penserais-tu être seul hanté par les grands horizons?... Sur le chemin si souvent terne et aride qu'est la vie, j'aime aussi ces grands mirages éclatants... Mais c'est si fragile, notre vie, et tout cela c'est si loin, peut-être si décevant. Pourquoi tant se remuer, tant peiner, alors que la suprême beauté est là, toute proche, en nos cœurs aimants.

J'ai lu, en souriant, tes aventures. Je comprends et j'aime ta jeunesse; malgré tout, ma jeunesse revit en ta jeunesse! Et ce n'est pas dans ces aventures que tu laisses morfondre ton cœur : l'essentiel est là. J'ai confiance en toi et je sais qu'il faut être indulgent.

A toi toute mon immense affection,

JEAN.

*
* *

Leysin, ce 30 mars 1925.

MON TRÈS CHER MARCO,

Je t'ai donné des nouvelles l'autre jour dans un bien mauvais moment... Je voudrais aujourd'hui répondre affectueusement à ta si bonne lettre qui m'a fait tant de plaisir, où j'ai vu toute la confiance que tu mettais en moi. Cela seul m'a réjoui plus que tout, et puis, voilà..... le dégel, la brume m'ont recloué immobile encore une fois avec de la fièvre...

Vois-tu, maintenant... *je ne crois plus en ma vie!*

Jusqu'à présent j'avais encore, malgré tout, un peu d'espoir; mais c'est fini..... Cela a été un peu dur tout d'abord, cette évidence, puis tout doucement l'habitude est prise. J'y pense chaque jour avec un grand calme, me souvenant d'un mot du sage : « La souffrance qui tue les joies humaines est la source de la vie surnaturelle. »

Alors, du fond de mon cœur, je crie : Que votre volonté soit faite, ô mon Seigneur, et non la mienne!

En face de moi, par la fenêtre ouverte, je plonge dans le vide, un vide qui est comme la mort, tout opaque, tout mystère, la brume épaisse des nuages qui passent! Cela m'oppresse et m'attire.

Je revois ce que fut ma vie... lamentable par rapport à ce que j'avais rêvé!

Je pense à ceux que j'aime, à ceux que j'ai fait souffrir, à ceux qui m'ont été cruels! Et de toute une pléiade floue et grise, n'émergent qu'un petit nombre, oh infime! Ceux qui ont été bons! bons pour moi, meilleurs que moi, qu'à certaines heures j'ai méconnus, mais qui toujours, inlassablement m'ont aimé, réellement, autant qu'aimer l'on peut dans ce monde : mes parents très chers... et toi, Marco.

C'est peu de chose, hélas! ce que je peux leur rendre en échange, mais qu'ils sachent, ô mon Dieu, qu'ils me sont infiniment chers et que leur amour plus grand a vaincu ma souffrance et qu'il vaincra... j'espère, la mort!

Je vois maintenant qu'ici-bas une seule chose mérite de vivre... le dévouement.

Parle-moi beaucoup de toi — longuement si tu peux — Sois gai, sois drôle, en un mot bien vivant. Rien ne pourra me faire plus de plaisir.

Tant que mon cœur battra, ce qu'il y aura de plus vivace en moi sera mon affection pour toi.

JEAN.

**
* *
*

Leysin, ce 24 avril 1925.

MON TRÈS CHER MARCO,

Je viens de monter après un rapide dîner...
seul à la même table où tu étais encore assis ce
matin avec moi![1]

Enfin seul! après cette soirée qui, depuis cinq
heures (où tu m'as quitté), a passé comme un film
lointain devant mes yeux secs..., loin du monde
toute la façade craque à présent; mon cœur crève
et je pleure.....

Ce n'est pas d'amertume et pourtant ce n'est
pas très doux..... je ne sais!

Voilà ma vie qui va reprendre, toujours la même,
au sortir d'un rêve si imprévu qu'a été ta venue
vers moi. C'est comme une immense tristesse qui
m'étreint de tout ce que j'aurais voulu faire pour
toi et mettre dans ce rêve que je n'ai pas pu ou
pas su... ou si mal, si mal!

Vraiment oui, je te demande pardon... J'ai toujours été ce stupide enfant qui joue avec ses poupées
en les brisant... mais qui pleure sitôt qu'on les lui
enlève.

Ah! c'est si près et c'est déjà si loin! Et de
sentir, chaque minute, ce train tout en fer contre
lequel mon cœur ne peut rien... rien, sinon se
broyer et qui t'arrache un peu plus loin de moi,

---

1. Jean venait de recevoir à Leysin la visite de Marco : c'était la
dernière fois que les deux amis devaient se voir.

chaque seconde pendant que j'écris et que tout se
révolte en moi.....

J'ai tort d'écrire ce soir. Tout est trop douloureux
dans ma tête, comme dans mon cœur... mais il
y a un certain stylo qui me sert, apporté par toi
et que j'aime infiniment. Je n'ai plus de courage.
J'aime mieux pleurer doucement, tout seul, plutôt
que d'essayer distraire ma peine même en causant
avec toi.....

Vendredi matin.

Tu sais maintenant ma vie instant par instant.

Toi, tu as touché le pavé de Paris, l'irrémédiable
est consommé... C'est peut-être moins triste qu'hier
soir où je te sentais tellement t'éloigner de seconde
en seconde... Mais quel triste petit déjeuner, ma
table si vide à côté... le soleil, par la fenêtre, étincelle lugubrement.

Je suis très calme, très calme, puisque je viens
d'être très heureux... Je veux te remercier de tout
mon cœur! c'est vraiment une immense surprise
que la visite que tu m'as faite et longtemps ma vie
si pâle si monotone viendra boire à ce souvenir
que je ferai toujours plus beau... de même qu'un
immense désert peut vivre d'un seul puits qu'entre-
tiennent des mains fidèles.....

C'est ta fête, demain 25 avril. Si je pouvais te
dire tout ce que mon cœur forme de vœux pour toi!

Je ne crois pas que tu te doutes à quel point
toute ma pensée est à toi... combien tout ce qui
te touche m'est cher. A mon tour de souhaiter ton
bonheur — le vrai — combien je le fais ardemment!

Il y a une ombre pour moi : demain, je ne serai
représenté par rien, pas le moindre souvenir près

de toi... mais ma lettre va partir à midi pour que tu la trouves à Saint-Germain, lundi, accompagnée d'un paquet... surprise!

Il me semble maintenant qu'un nouvel espoir renaît en moi. Est-ce toi qui l'as fait naître, ou ce nouveau printemps? Qu'importe. Ne m'as-tu pas apporté tout le printemps avec ton cœur aimant?... Merci.

Ma pensée, plus rapide que le train de fer, vole ce matin, comme toujours vers toi. Ton

JEAN.

***

Leysin, ce 30 avril 1925.

MON CHER MARCO,

Déjà huit jours! La vie est pour moi comme immobile. Le trouble très doux et imprévu que tu y es venu jeter, s'est éteint brutalement un soir... comme il était venu un matin. Et puis l'immobilité, où le temps ne compte pas, a repris pareille, après comme avant, avec seulement un peu plus de vague à l'âme... et seuls un détail, un rappel particulier, un souvenir, marquent le temps qui fuit inexorablement. Hier c'étaient les photos, un sac rose avec les swiebachs... cet après-midi, c'était un bloc de papier bleu et ce soir le souvenir d'une soirée de larmes.

Déjà huit jours.....

Tu es mille fois gentil d'avoir pensé à ce papier à lettres dont je n'avais plus. Je te remercie et te bénis de m'apporter la première pensée de toi depuis ton retour à Paris.

Je te mets des photos; tu pourras juger toi-même

de ce choix d'horreurs! Celle où tu fais demi-tour est pourtant une des meilleures que j'aie de toi.

La journée unique de beau printemps que tu as eue ici ne s'est pas renouvelée depuis... Il neige.

Miss W..., la petite Canadienne, n'est pas très bien, elle doit consulter sérieusement.

Nous causons souvent de toi, ce m'est très doux.

Depuis que mon soleil est venu me visiter, un peu de sa chaleur a coulé dans ma vie et l'espoir, fleur fragile, a refleuri dans mon cœur. Tu vois la reconnaissance que je te dois, je ne te remercierai jamais assez.

De tout mon cœur,

JEAN.

*
* *

Mont-Saint-Aignan, ce 25 juin 1925.

MON CHER MARCO,

J'ai été infiniment touché de ta très douce pensée pour le 24 de ce mois qui est venue me rejoindre ici.

C'est charmant de ta part, j'y ai été très sensible et t'en remercie bien des fois.

Ici cela va comme toujours, doucement. Je me lève quelques heures et descends pour les repas : seul le repos me maintient encore.

Je compte aller quelques mois à Harcanville, passer l'été, mais des réparations indispensables ont traîné en longueur; heureusement mon frère a pu déjà y aller, pour activer. Je t'écrirai de là-bas.

Je t'envoie un tout modeste souvenir de ce 24 juin. Ce n'est rien pour tout ce que tu m'as gâté déjà. A ton goût ou non, accepte-le comme un mien objet familier, d'un temps défunt, où j'ai par-dessus tout aimé la vie au soleil et sur l'eau!

C'est encore un chapitre de ma vie bien définitivement clos.

Donne moi de tes nouvelles, elles me sont toujours douces, en attendant le plus grand plaisir de te voir.

Très affectueusement tien,

JEAN.

*
* *

Harcanville, ce 27 août 1925.

MON CHER MARCO,

J'ai vu dans les nouvelles sportives que tu t'étais fait battre en quart de finales dans les matchs de tennis. J'ai regretté que tu n'aies pas eu les honneurs de la finale, mais je me suis réjoui de voir que tu étais toujours solide pour affronter de pareils tournois. Voilà qui me tranquillise à ton sujet.

Ici, c'est le calme plat. Mon père est aux eaux; ma sœur avec son mari voyage en Basse-Normandie; il n'y a que ma mère et mon frère avec moi. En dehors des repas, je ne quitte guère ma chambre, ce n'est pas bien gai.

Que comptes-tu faire cet été? Dis-moi tes projets que je voie s'il y a moyen d'arranger quelque chose et si, en toute simplicité, tu penses pousser une pointe jusqu'ici.

Que puis-je te dire pour les fiançailles de ta sœur? Des félicitations sont trop banales et je comprends

trop bien cette joie qui cache tant de tristesse :
c'est une demi-séparation, c'est beaucoup quand
on aime. Mais il faut voir le bonheur de l'être cher,
cela seul importe. Je me permets par toi indirecte-
ment de former beaucoup de vœux très respectueux
pour le bonheur de cette union.

Tout de cœur à toi,

JEAN.

*
* *

Harcanville, ce 9 septembre 1925.

MON CHER MARCO,

Je suis triste de te voir partir pour Mailly. Ces
vacances, dont je me réjouissais tant, passent décidément trop vite puisque nous n'arrivons pas à
nous voir.

Enfin, tâche de faire de bonnes manœuvres : la
saison ne sera pas trop chaude. Ce vieux Camp de
Mailly! Que de souvenirs pour moi : depuis l'âge
de dix ans (quand mon père était à Troyes au
bataillon de chasseurs) et puis pendant la guerre!

Ici nous sommes toujours au grand calme. Il
y aura juste quelques invités de mon père pour la
chasse. Moi je ne bouge pas, je ne vois personne.

Quand tu rentreras, je ne sais moi-même où je
serai, probablement en route pour nos Alpes,
fuyant l'humidité de notre climat normand. C'est
assez indécis encore. Mais je ne retournerai pas à
Leysin; je ne veux pas, étant donné les événements,
vivre sous l'épée de Damoclès de notre change
cascadeur! En Savoie, il n'y a pas grand chose

l'hiver. Peut-être Briançon, dans un appartement avec ma mère, si elle pouvait venir avec moi, car j'ai horreur des hôtels.

Toi, quels sont tes projets? Parle-moi de toi, tu sais combien j'y tiens et que c'est dans ce qui me reste de vie une de mes plus douces consolations.

Très intimement tien,

JEAN.

* * *

Briançon, ce 14 novembre 1925.

MON CHER MARCO,

Il y a longtemps que je te dois des nouvelles, les événements se sont succédé, m'absorbant péniblement.

J'ai quitté Harcanville douloureusement : mon cœur y était plus attaché que jamais, je ne saurais dire pourquoi.

J'ai passé une quinzaine à Rouen pour mes préparatifs de départ et nous nous sommes mis en route, ma mère et moi, pour cet autre bout de la France.....

A peine arrivés, on nous télégraphiait que mon grand-père s'éteignait! L'éloignement compliquait les choses et les nouvelles étaient rares. Malgré son grand âge, le coup imprévu était douloureux, c'est tout un morceau du passé qui s'en va.....

Nous voici enfin installés : l'appartement est grand, vieillot; la salle à manger avec des peintures à fresques, genre Italien 1830. Onze fenêtres en plein midi! c'est le rêve, un vrai bain de soleil!

Enfin, la meilleure chose qui, puisse m'améliorer ou, tout au moins, me maintenir, le temps est idéal. Les montagnes sont déjà neigeuses et le soleil est radieux dans un ciel d'un bleu si profond. L'air est sec et froid.

Que deviens-tu? Voilà tout ce qui m'importe pour le moment.

C'est te dire toute mon affection toujours fidèle.

JEAN.

DEUXIÈME PARTIE

———

JOURNAL

Novembre 1925 - Septembre 1926.

« J'aimerais à écrire l'histoire
de mon âme, parce que ce récit
serait la glorification de votre
miséricordieuse bonté, ô mon Dieu,
et l'humi'iation d'une âme indigne
de vos prédilections. »

Dom PIE DE HEMPTINNE.

Briançon, 2 novembre.

Il y a trois jours que nous sommes ici, ma mère
et moi.

Temps doux, humide plutôt; j'ai à peine mis le
pied dehors.

Je suis triste et las.

De grandes masses de vapeurs opaques ondulent
tout le jour à mi-pente, se déroulant, comme des
écharpes, autour des sommets inconnus. Au-dessous dévalent des bois jaunes, de tous les jaunes.

J'entends un torrent au bruit égal, continu,
énervant.

Jour des Morts. *Requiescant!*

Et moi? Quand plaira-t-il à la Parque indifférente
de couper le fil?

Me reposer.

*
* *

Je viens de lire, d'une seule traite, les Paroles
de Jacques d'Arnoux, « le Revenant ».

Révélation.

Je sors meurtri, broyé.

Dans ma lassitude extrême, j'errais à tâtons,

les mains en avant, hésitantes. Mais voilà que, subitement, un voile immense se déchire.

C'est exact, « la lumière ruisselle ».

Ce n'est pas un auteur, c'est « une torche » dans la nuit de mon infirmité.

Aurais-je enfin trouvé mon guide?

Ah! vous tous, mes maîtres d'hier que j'ai tant aimés : Stendhal, Bourget, Loti, Estaunié, et vous Gide, Proust, Julien Benda, Sarment, même vous, Barrès, si proche et encore plus aimé! Que m'avez-vous appris, sinon à me déchirer moi-même toujours plus avant pour regarder ma chair vibrer plus à nu.

Pour trouver quoi? Un peu plus d'ennui, de désespérance, de fatigue, de souffrance.....

Maintenant mon triste cœur, que j'ai écorché vif, tout pantelant, étouffé de scepticisme et de dégoût, est-il encore capable de tressaillir au jeune souffle de l'enthousiasme?

Hélas! Serait-il trop tard?

Il bat pourtant! Et du moment qu'il bat, je veux croire, comme vous, à cette « gigantesque puissance de volition »[1].

Il me faudrait une force à soulever des montagnes.

Qu'importe. Je veux exciter « ma Furie » pour me sortir de cet enfer d'affliction.

Mes résolutions :

1º Je suis atteint moralement autant que physiquement. Ce sont deux théâtres d'opérations : deux offensives à mener. La vie n'est qu'une lutte, il me faut une tactique;

1. Edgar Poe.

2º Chaque jour je résumerai mon effort quotidien.
Je pourrai y joindre des réflexions et méditations
utiles.

Premier embryon de travail sérieux.

3º Ma vie religieuse est à rebâtir de fond en
comble.

J'ai travaillé une bonne heure. Je me sens mieux.

***

3 Novembre.

Oui, révélation.

C'est bien le mot. Depuis hier ma vie a un axe.
Au lieu de tout laisser aller et moi-même au milieu
de tout, réagir, vouloir quelque chose, avoir un
but.

J'en veux un. Il se précisera. C'est d'abord une
discipline que je veux. Ici sincérité absolue en face
de moi.

D'abord, connais-toi toi-même. Bas l'orgueil.

Prier trois fois par jour, pas seulement du bout
des lèvres, mais avec intensité. La ferveur doit
revenir. L'implorer. Une lecture pieuse, je pense
un chapitre de l'*Imitation*.

Je veux mener ce qui me reste de vie, en canter.
Jusqu'à présent, j'ai été ce cheval de course démonté,
errant bêtement, folâtrant sur le terrain. Or, j'ai
un parcours à faire : d'aujourd'hui, je lui impose
un jockey pour le diriger et le cravacher.

Pas d'écarts : je me connais trop...

Aux heures lourdes, relire ces notes. J'ai écrit :
donc je l'ai pensé, donc je le veux. Pas de tergi-
versations.

* *
  *

Où va ce monde sans Jésus-Christ ? Les principes
d'autorité morale du Christianisme sont nécessaires
à la société pour qu'elle subsiste et à l'individu
pour qu'il « *vive* ».

Il y avait en moi crise d'ennui et de lassitude
extrême, parce que crise de direction : faiblesse de
ma volonté. Cause : déséquilibre entre mes passions
et ma conscience, affaiblissement du sens moral.
L'homme ne peut se passer d'une direction morale :
il n'y en a qu'une, c'est la religion du Christ.

Où vais-je sans Jésus-Christ ? Pour moi, comme
pour le monde.

Quelles que soient les contingences, le Christ est
la « pierre angulaire[1] », l'*Alpha* et l'*Omega*, la
« voie, la vérité et la vie ».

* *
  *

Pendant que j'écris, par la fenêtre grande ouverte,
le soleil met un rectangle éblouissant au parquet
de ma chambre. Je le vois lentement tourner. Il
est parti du pied du mur, il lèche maintenant le
bord de mon lit et continue son glissement continu.

Au loin les sommets sont d'un blanc éclatant de
neiges fraîches qui tranche sur l'horizon du ciel
d'un blanc laiteux.

En cette demi-saison, ce n'est pas le vrai ciel de
la montagne, d'un bleu si intense, à la fois « si léger

1. 1re Ép. de St Pierre.
2. St Jean.

et si profond », comme le connaît si bien Bordeaux. Un grand calme règne en moi.

Très semblable à mes anciens maîtres dans les lettres, il en est un autre que j'ai pernicieusement aimé : c'est le Wagner de Tristan.

Ah le trouble enchanteur !

Comme surgissent les idées, brièvement, incorrectement, qu'importe, note.

Il est des jours creux et pauvres où l'esprit semble vide. Note maintenant, pour ces jours-là : ainsi la fourmi prévoyante amasse-t-elle pour l'hiver. Si tu sens des puissances en toi de choses emmagasinées; comme une eau, goutte à goutte accumulée, crève subitement et jaillit en cascade, emportant tout; canalise précieusement ces richesses brutes vers les grands réservoirs pour les jours stériles. Qui sait? Peut-être alors d'un mot, d'une idée, d'une image, jaillira l'étincelle qui t'incendiera et de toi, amorphe, fera un fagot de poudre capable d'embraser jusqu'aux nuées !

*
* *

Je viens de visiter notre future demeure pour cet hiver[1]. Je suis agréablement surpris. C'est un bain de soleil. La salle à manger, avec son papier à paysages de châteaux italiens, est vieillotte et drôle. Pas beaucoup de vue, mais un peu d'animation, j'aime presque autant ça.

1. Villa des Pavillons, à Briançon.

*
* *

J'ai ouvert mon *Imitation* à la page que marquait le signet, souvenir inerte d'une ancienne lecture. « De la considération de la misère humaine..... »)[1].

Voilà déjà plusieurs fois que j'ai la même impression. Il n'y a là aucun mysticisme exagéré. C'est une œuvre de profond bon sens. C'est simple et clair, parfaitement raisonné et d'une force de déduction quasi mathématique. Je ne sais si le solitaire fut lui-même un grand saint, tout le laisse croire, mais c'était sûrement un remarquable philosophe : l'un n'empêche pas l'autre, d'ailleurs.

Il y a toutes sortes de saintetés, depuis celle des martyrs, jusqu'au « train commun » de saint François de Sales.

Le solitaire de l'*Imitation* est un raisonneur. Mais, au lieu de bâtir des chimères sur le sable, comme tant d'autres, il a commencé par s'assurer d'une base stable. Ayant trouvé celle-ci : « vanité des vanités, tout n'est que vanité, hors aimer Dieu et le servir lui seul », il a édifié logiquement sa méditation sur cette souveraine sagesse qui est de « tendre au royaume du ciel par le mépris du monde ». Il n'y a pas d'erreur, si vous admettez la vie éternelle, vous n'avez qu'une chose à faire : suivez-le.

Je dis bien, *suivre*, car la question c'est de persévérer. « Persévérer dans la patience. » Je comprends, j'embrasse aujourd'hui, et demain? je cravacherai... puis Dieu y pourvoiera.

1. *Imit.*, l. I, ch. xxii.

4 Novembre.

Hier soir, triste dépêche : Mon grand-père est mort. Je l'avais vu avant de partir, il y a une semaine. Malgré son grand âge et ses misères, il semblait bien. Nos vies sont éminemment fragiles : un peu de congestion et en voilà pour l'éternité.

De telles séparations, même prévues, acceptées, attendues, frappent. Il semble que l'angoissant problème de l'autre vie se trouve plus crûment formulé devant nos petits yeux humains, du fait que c'est un être connu et aimé qui s'en va vers le monde inexploré. Nos faibles yeux épient un geste, un signe. Mais non, rien. Il faut croire.

O Christ, vrai Dieu et vrai homme! Christ de Bethléem! Christ de la montagne et du lac! Christ du Calvaire, si divinement humain jusqu'à douter de votre Père! Je crois en Vous de toutes les forces insoupçonnées de mon cœur. Ayez pitié de lui et donnez-lui la paix. Votre paix. Et gardez-moi ma foi en Vous.

*
* *

Aujourd'hui, après un quart d'heure dehors, je rentre exténué. Le grand principe suisse est repos, repos, mais j'en suis tellement saturé que tout en reconnaissant sa nécessité, je voudrais composer avec lui. Je veux fixer à mon usage personnel une méthode inspirée des idées de d'Arnoux et des principes du Docteur Coué.

J'essaierai de contractions, des contractions partielles, courtes et répétées, pour tendre mes nerfs et galvaniser ma volonté.

5 Novembre.

Je pense à mon pauvre grand-père qu'on enterre aujourd'hui et je n'ai même pas encore de détails sur sa fin. C'est lugubre d'être si loin.

Coïncidence : le chapitre suivant de l'*Imitation* : « De la méditation de la mort. »[1]

Il faut que nous soyons bien endurcis pour ne pas bouillonner de saintes ardeurs quand nous lisons de telles vérités. Pourtant, combien de fois, déjà, ai-je parcouru ces lignes, en indifférent.

Il est compté ton temps.

Vois-tu le pur-sang musarder sur le terrain quand le poteau est proche? Est-il un seul muscle en lui qui ne soit tendu pour l'effort?

C'est le Canter final. Que le poteau soit ta hantise. Dis-toi bien, dis-toi sans cesse qu'*après* il n'y aura plus « un seul jour, une seule heure pour purifier ton âme, pour t'amasser des richesses immortelles ».

Comme chaque matin tu vivifies ta peau délicate en activant la circulation du sang, par l'énergique friction, ainsi quotidiennement entraîne ton âme par la méditation.

Pendant le déjeuner le galbe d'un jeune visage m'a terriblement attiré.

Quelles correspondances éveillent en nous certaines lignes, certaines expressions?

1 *Imitation.* L. I, ch. XXIII.

D'où vient l'attrait de certains regards dans lesquels on voudrait se noyer?

O cœurs de chair, nos tristes cœurs insatiables! insondables!

De quel argile souillée, ô mon Dieu, les avez-vous pétris pour qu'ils se laissent toujours prendre aux mêmes pièges des vains désirs et des mirages trompeurs de ce monde, qui n'a jamais enfanté pourtant que désillusion?

Tout élan vers Vous, mon Dieu, n'est-il compatible qu'avec le cloître?

Ou bien notre terrestre condition est-elle de naviguer sans cesse parmi les écueils?

Comme au navigateur qui a doublé le Cap et ses récifs périlleux, le calme et la sécurité de la haute mer me sera-t-il jamais accordé?

6 Novembre.

Nuit détestable.

C'est extraordinaire l'influence que le physique, dès qu'il est atteint, a sur le moral. Je sens ma volonté intacte, mais les commandes sont coupées.

Prions et attendons l'éclaircie.

7 Novembre.

Le gros grain est passé. Aidons-nous en attendant mieux. Ce qui importe c'est de ne rien laisser aller à vau-l'eau. Tenir et puis profiter du plus petit avantage pour progresser. Il y a des jours où ma tête semble un réservoir intact, immense sur lequel je n'ai qu'à me pencher pour puiser des idées. Ma pensée est lumineuse et ne demande qu'à s'écouler...

D'autres jours, je suis comme une chaudière sous pression, prête à éclater. La vapeur fuse de partout à la fois, j'ai peine à la contenir : elle s'échappe et se perd.

Mais aujourd'hui ma tête est lourde, le réservoir est à sec. Rien ne coule. On ne force pas une source tarie. La force seule n'enfanta aucun chef-d'œuvre. Comme à la guerre, ces jours-là, on ne gagne pas de terrain. Il faut pouvoir dire, le soir : nous avons consolidé nos positions.

****

Depuis midi, il neige dans la brume, pour la première fois de cette saison. Les cristaux sont fins et rares. La chute promet d'être sérieuse. Puissions-nous avoir d'abondantes neiges cet hiver pour jouir ensuite du soleil plus radieux, plus ardent, comme rajeuni, quand sa splendeur inonde l'immensité vierge.

8 Novembre.

Si tu veux sortir de toi-même, il faut en prendre les moyens. N'y a-t-il pas, même dans ces notes, comme un prolongement de ton ancien état? Au fond, tu cultives toujours, mais d'une façon détournée, cette auto-analyse, néfaste par elle-même.

Alors, tu le sais, tu l'as déjà reconnu, vaut-il mieux t'arrêter? Essayer de perdre cette habitude? Les homéopathes soignent le mal par le mal. Pourquoi ne me servirais-je justement de cette faculté pour me surveiller? Je sais que j'ai grand besoin de me contrôler : n'est-ce pas un contrôle tout trouvé? A moins que ce ne soit condescendance de ma part! Mais aux malades on ne peut, dit-on, arracher trop brusquement leurs drogues.

Alcool, morphine! En suis-je là?

Flagelle ton orgueil jusqu'au sang et que naisse l'humilité en toi.

Flagelle ta paresse et que naisse la soif de l'effort qui seul mérite et vivifie.

Pour sortir de toi-même, il te faut un travail sérieux et de longue haleine.

9 Novembre.

Ce n'est rien de cueillir les idées au fil de l'eau, comme un promeneur, l'été, nonchalamment étendu sur la rive que vient lécher le courant. Qu'est-ce de regarder se dérouler les images qui, l'une après l'autre, s'impriment dans ton cerveau? C'est passif! C'est peu de poursuivre les idées, comme on chasse avec le vert filet les papillons qui virevoltent de-ci de-là sur la prairie en fleurs. Qu'est-ce de suivre le jeu des associations qui s'attirent ou s'opposent et vous mènent à l'imprévu?

Crève sans pitié ces bulles de savon aux beaux reflets irisés. Que reste-t-il? Rien.

Tu dois discipliner ta pensée et la concentrer et la diriger, de même que le pêcheur indien s'entraîne à vivre sous l'eau et cultive ses muscles et précise ses mouvements. Alors seulement tu pourras plonger avec fruit et risquer de trouver la vraie perle qui est rare.

Hâte-toi, tu as tant et tant de temps à rattraper!

10 Novembre.

Que ta vie intense soit concentrée dans la prière; qu'elle s'élève fréquente, pleine d'abandon, de confiance et d'amour; qu'elle soit simple et fervente comme celle des petits enfants : alors le

Très-Haut ne pourra pas ne pas l'accueillir, quelle que soit ton indignité.

Sous aucun prétexte ne laisse reprendre pied aux rêveries langoureuses : n'oublie pas que c'était ton mal d'hier. Il faut y veiller doublement pour éviter toute rechute. L'oisiveté n'est pas ton écueil, soit, mais prends garde aux conversations, aux lectures superficielles et banales qui risquent de laisser glisser l'esprit sur la pente facile. Stimule, tourmente ta pensée, ne laisse aucun répit à ton activité, tel l'acrobate qui doit s'entraîner sans cesse pour garder sa souplesse.

Et surtout oriente-la vers un monde toujours plus élevé. Excelsior.

*
* *

Je viens de mettre la main sur « les Heures bénédictines », de E. Schneider. J'en attends beaucoup. Est-ce l'attrait rêveur « de la paix profonde que le monde ne peut donner » (Préface)? Est-ce le besoin plus mystérieux d'un mysticisme ardent dont j'ai déjà entrevu en moi certains appels?

Ce livre doit m'éclairer moi-même.

*
* *

Aujourd'hui le vent d'Est souffle : Soleil intermittent. De grandes nuées, aux croupes arrondies et très blanches, se faufilent entre les sommets qui les déchirent et les éparpillent. Elles fuient en déroute comme si, de l'autre côté des monts, dans ces riches plaines d'Italie où leurs formes mollement devaient s'épandre au soleil, on les avait subitement chassées avec violence.

11 Novembre.

Anniversaire de l'armistice.

A 9 heures et à midi, les forts ont tiré une vingtaine de coups de canon. Après chaque coup, l'écho longuement roulait, renvoyé de paroi en paroi. Il faisait très beau, je suis sorti une demi-heure. Est-ce cette vallée dont meurent les dernières verdures roussies, ou ce cirque de montagnes déjà à demi-neigeuses, ou simplement le soleil qui brille délicieusement? Je rentre les yeux éblouis et je garde l'impression d'un ensemble féerique.

Je viens de lire un roman curieux, mais bien frivole! Plutôt que de chercher des sensations nouvelles, concentre-toi, rentre en toi-même et profite de cet anniversaire pour rassembler tes souvenirs, pour aiguiser ta mémoire endormie.

Sous l'empire de ta volonté, évoque une journée de ton passé :

11 novembre 1918!

Brouillard, le matin, qui peu à peu tombe en pluie fine. Notre camp d'aviation est au Sud-Ouest de Vouziers; le terrain a la forme d'un grand T, entouré de bois. Quel sale terrain! Nous l'avons occupé bien à contre-cœur pendant les avances d'octobre, pour ne pas demeurer trop près des lignes. Cette disposition en T n'est pas favorable et les longueurs mêmes ne sont pas suffisantes pour nos Salmson qui roulent vite et longtemps au sol. Je me souviens, l'une des dernières fois où j'ai volé là, d'avoir eu l'impression, au départ, de frôler les têtes de sapins et d'avoir regardé avec un frisson d'angoisse cette mer verte et profonde qui ondulait à quelques mètres sous nos ailes et dans laquelle la moindre faiblesse du moteur nous eût fait plonger effroyablement.

Je vois à vol d'oiseau ce sol pauvre où la craie fraîche, dans les trous comblés, mettait des flaques blanches, comme de grandes cibles sur l'herbe jaunie.

Je vois la lisière des bois où s'accroupissaient les « Bessoneau »[1] camouflés, ouvrant leurs larges gueules sur le terrain pour vomir les « coucous »[2].

Nos chers Coucous, ces assemblages légers et fragiles de bois menus, tendus de soie vernissée et si lourdement chargés d'essence! Ah les belles torches à embraser dans le firmament! Et c'était ça cependant qui, à force d'inventions, d'études et d'expériences, avait été construit pour affronter les risques de l'air, joints à ceux de la bataille!

Mais, au fond, plus que le ronflement puissant des moteurs, n'était-ce pas plutôt l'incommensurable audace de nos témérités qui les animait, quand ils sillonnaient le ciel, cet espace infini qui semblait toujours vide et dans lequel le danger n'était que d'imperceptibles points, vertigineusement déplacés.

Ferme S...! Votre image que j'évoque dans mon souvenir peu à peu se précise. Il me semble que je vous vois sortir de la grisaille de ma mémoire confuse, comme au matin du 11 novembre... La vision prend corps.....

Je vois le campement, les baraques, reliées par

---

1. Grandes tentes en toile pour remiser les avions.
2. Terme d'argot donné par les aviateurs à leurs appareils.

des chemins de caillebotis[1] et réparties de part et d'autre d'une voie centrale, comme dans un lotissement bien compris; et les bouquets d'arbres ménagés non pour conserver un décor de parc à l'anglaise, mais pour éviter le repérage.

Je me souviens d'une popote sombre avec mobilier ultra réduit, celui que nous transportions dans nos remorques... et l'éternel phono!

Ah! ce phono qui nous versait, aux soirs de folie, ses grands airs : les « lettres de Werther » ou « Madame Butterfly. Que de fois, depuis, entendant d'autres instruments, n'ai-je pas revu celui-là et les visages chers qui se groupaient à l'entour et qui constituaient l'escadrille (ceux-là qui ne sont plus et les survivants qui se sont essaimés). Car tout a une fin.

La vie banale et difficile allait se charger de nous disperser aux quatre coins de la France et de nous noyer dans ses exigences quotidiennes, au point de ne plus laisser de notre union qu'une trace vague, comme un rêve. Peut-être, si nous avions gardé le contact, beaucoup auraient-ils gardé ces souvenirs plus vivaces. Peut-être nos silhouettes dressées au dessus du commun et fermement entrelacées eussent-elles pu servir d'emblème à l'esprit de la victoire!

Voilà où me conduit ma rêverie ce jour d'anniversaire — 11 novembre 1918! Que ce jour s'estompe déjà lointain dans le passé et comment retrouver tout ce qu'il y avait alors de gaieté et de noblesse très simple dans nos cœurs?

Des bruits avaient couru les jours précédents, et

---

1. Sorte d'échelles à montants jointifs qu'on plaçait sur le sol pour éviter la boue.

la veille avec plus d'insistance, enchevêtrant des histoires d'autos traversant les lignes et d'avions plénipotentiaires, qui nous semblaient assez invraisemblables. Le Secteur aéronautique nous livrait, par bribes et d'un air important, ce que voulait bien lui confier la Direction de l'armée.

Une seule mission avait été demandée par le corps d'armée : Reconnaissance générale aux alentours de Sedan, où nos fantassins allaient pénétrer.

Nous étions descendus, plusieurs, de notre village au Poste de commandement du Secteur, qui gîtait à une centaine de mètres, sous bois, comme nous.

Dans une « cagna »[1] aux murs couverts de photos assemblées, de cartes, de plans directeurs multicolores, groupés autour de l'officier de renseignement nous étions une bande des escadrilles voisines, dans cet indescriptible mélange de tenues qui a toujours caractérisé notre arme. Seulement, peut-être un peu plus intrigués, un peu plus questionneurs qu'en temps habituel. Nous causions, comme on causait entre aviateurs, à bâtons rompus, avec cette franche et chic camaraderie et cet entrain qui tourne tout à la blague, plutôt en grands collégiens qu'en hommes.

Mais la porte s'ouvre..... Pourquoi chacun se retourne-t-il? L'attente est-elle comme une électricité condensée, ambiante dans l'air et qui, d'un rien jaillit...? C'est le commandant : il est un peu plus pâle que d'habitude.

« Messieurs, l'armée me téléphone de suspendre toute mission. Les Allemands ont signé nos pro-

---

1. Logement improvisé.

positions. Défense de voler jusqu'à nouvel ordre.
Ah! j'oubliais, les Commandants d'escadrille me
feront parvenir, pour demain, leurs propositions
de récompenses..... »

Le détail précis de ce que nous avons dit ou fait
alors ne me reviendra jamais, mais ce fut assurément
insignifiant. Les grandes émotions ne sont-elles pas,
dans un sens comme dans l'autre, toujours muettes?
Et l'essence de notre émotion, qu'était-elle, au
juste? Joie... stupeur... Qui sait?

Qu'importe! Nos natures terre à terre ne font
que se plier aux circonstances, quel qu'en soit
l'imprevu, quel que soit le bouleversement qu'elles
engendrent.

Et comme si c'était là le dénouement que, naturellement et insconsciemment, nous étions venus
attendre, ce matin brumeux..., nous repartîmes,
par groupes, vers nos villages respectifs, et je me
vois remontant la piste étroite de bois avec mes
camarades, en file indienne... silencieux.

Car chacun, dans son mode différent, à des pro-
fondeurs plus ou moins insondées ou obscures,
éprouvait un certain vague à l'âme et songeait
qu'une page de sa vie venait de tourner, lourdement chargée de dangers courus, de séparations
brutales, et de mille tourments, mais allégée de
toute notre insouciance folle, débordant de cette
jeune et fière ardeur de nos vingt ans, éclatante de
nos héroïsmes endiablés...

Nous remontions silencieux... songeurs...

Le brouillard tombait en pluie fine. Les arbres
s'égouttaient.

Tout était gris, gris et triste.

Et pourquoi se cachait-il, le soleil d'Austerlitz
en ce jour victorieux?

13 Novembre.

Il faisait très beau ce matin. A 9 heures, je pars en auto pour l'hopital où je dois voir le médecin.

Par la « grande boucle » nous montons vers la vieille ville de Briançon. Nous arrivons à hauteur de l'église, abordant le piton par le côté où il se rattache au flanc de la montagne et pénétrons par deux portes successives, puis descendons d'auto.

Ce qui saisit de suite, c'est l'air moyenâgeux que dégage cet ensemble. Vieilles rues étroites, mal pavées, à moitié en escalier, avec leurs gargouilles d'eau ruisselante au milieu. Le soleil ne doit jamais y pénétrer, tellement les façades sont resserrées. Ça sent l'humidité. On grelotte. Maisons sans grand caractère, mais avec de petites portes, lourdes, en bois massif, rustiquement mouluré de gros caissons, et clouté. Partout des grilles.

Nous entrons dans l'église. Je ne m'attendais pas à trouver presque une cathédrale. Beaucoup d'or, de vert, de bleu. De grands et beaux rétables sculptés et peints. Des tableaux. Un autel en marbre blanc.

Quelque chose d'Italien dans l'ensemble.

En sortant, nous longeons les remparts. C'est la merveille de Briançon. On domine les deux ou trois enceintes à la Vauban que l'on voit, sous soi, accrocher leur dessin géométrique aux moindres émergences du roc. Après la dernière enceinte, la chaussée, absolument droite, descend vers la vallée qui s'étale comme l'arène d'un cirque vue du plus haut gradin.

Alors ce qui est indescriptible, c'est cet amphi-théâtre de montagnes neigeuses qui ferment l'horizon de l'Est à l'Ouest, dessinant dans le ciel, du bleu le plus pur, une immense courbe dentelée.

Je ne trouve pas le Docteur, mais la contrariété d'être monté pour rien est vite absorbée par l'intérêt de cet extraordinaire nid d'aigle.

Du côté de l'hôpital, les remparts sont encore plus à pic et surplombent, d'une hauteur incroyable, la gorge étroite et boisée au fond de laquelle coule, ou plutôt cascade la Durance. Le site est splendide et je reste longtemps penché sur ce gouffre, les yeux grands ouverts, ne pensant à rien, avec seulement l'impression inconsciente d'une vision d'avion.

Mais il faut descendre lentement, encore grisé de lumière, fermer ce riche univers et le réduire à l'encadrement de ma fenêtre ouverte.

Pourtant, suis-je bien à plaindre?

Deux mètres carrés dans lesquels viennent s'inscrire un triangle de bois et de neige, un autre de ciel bleu. L'oxygène à flots. Si je suis prisonnier, mon cachot n'a rien d'une oubliette.

Non, je ne suis pas bien malheureux...

Cette fenêtre sur la nature non seulement me permet d'en observer toutes les variations, de jour en jour, d'heure en heure, mais encore, par cette réduction du champ, elle concentre mon observation et me sert, en quelque sorte, de loupe. D'un coup d'œil, le moindre détail m'apparaît.

La beauté de la nature, surtout dans ces régions aux paysages grandioses, s'offre à nous de toutes parts, sans restriction, sans discontinuité, nous en jouissons goulûment.

Mes yeux ont tellement caressé ce même horizon, qu'il a pris pour moi vraiment une physionomie familière, toute nuancée et chère. Une correspondance très intime nous unit. Je tire jusqu'à la quintescence de sa sublimité.

Je suis même très heureux.

Il y a plus. Je dois à mon immobilité un recueillement et, ce qui pour le commun est une diminution, devient pour moi source de valeur. La vie extérieure me dissipait. Même aujourd'hui, mon esprit excité était plus rebelle au travail après cette sortie ensoleillée. Était-ce une sorte d'ivresse ou une révolte? Je sentais tantôt une lourdeur paresseuse, tantôt un essor endiablé. Des rêves de plein ciel, d'immensités vierges de toute contrainte s'enchevêtraient aux visions de cimes fabuleuses et de forteresses moyenâgeuses inaccessibles.

Quand ma maison était bouleversée et incohérente, il m'a fallu de longs mois d'isolement de de repos pour descendre en moi progressivement jusqu'à trouver un peu de calme, un peu de certitude sur lesquels, au moment propice, j'ai pu greffer une règle convenablement adaptée.

Le tumulte de la vie habituelle entraîne toujours plus avant et ne laisse pas le temps de réfléchir à fond. Il faut un arrêt brutal qui nous force à une contemplation prolongée de notre fragilité et de nos misères pour ramener tout à Dieu qui seul peut donner aux cœurs tourmentés :

La Paix!

Comment ne serais-je pas heureux, très heureux?

14 Novembre.

Le ciel est un immense couvercle gris qui pèse sur tout.

Demain, nous déménageons.

Installation à la villa des Pavillons.
Enfin nous y sommes!
Encore une étape dans ma vie...

*
* *

Ce soir examen, puis méditation, objet : bonté
incommensurable de Dieu qui, malgré tant d'ingra-
titudes cherche à sauver le pécheur presque malgré
lui.

Pour moi plus qu'aucun autre, j'ai été sollicité
par la grâce, j'ai donc contracté une dette énorme.
Maintenant est venu le temps de l'acquitter.

Passé celui de la pusillanimité; plus de désordre.
que tout soit harmonie dans ma vie. Aucune
excuse ne serait valable car je connais la *voie*
Il faut la suivre :

Mon Dieu, accordez-moi votre grâce et les
saintes vertus de Force et de Persévérance, et moi
je vous promets de cravacher la bête.

Achevé la lecture de la *Vie de saint Benoît.* Il
invoquait le Seigneur, demandait et obtenait.

Que pourriez-vous nous refuser, ô mon Dieu,
si nous savions prier? Prier, avec une confiance
sans bornes, et si nos cœurs vraiment étaient simples.

Je ne suis que faiblesse, mais sans jamais me
lasser, j'implorerai humblement votre bonté. O
Dieu des armées, donnez-moi la force dont j'ai
tant besoin, la force quand le serpent mord et
fouille ma chair, la force pour lutter victorieuse-
ment.

17 Novembre.

Le soleil descend, il met encore deux faisceaux de lumière orangée aux arêtes de ma montagne.

Les masses de neige, dans l'ombre, semblent ou mauves ou grises et froides, mais le ciel reste si lumineusement pâle derrière qu'on ne sait pas s'il est bleu ou vert, d'une irréelle clarté.

*
* *

Dans un article sur J. Sarment, signé Y. N., je lis : « Certes les jeunes luttent âprement. On oublie trop qu'en dix ans d'âge, ils ont accompli une évolution de vingt années.

« Ils avaient apporté à la guerre un tel enthousiasme. Ils avaient cru bouleverser le monde en se donnant et ce don n'a pas produit ce qu'ils en attendaient.

« Il faut avoir suivi cette désillusion, 1914-1919-1924, pour comprendre quelle souffrance a pu engendrer, dans ces esprits, la cohabitation paradoxale de la foi et de l'inquiétude, de la volonté et du découragement.

« La foi et la volonté triompheront-elles? Au contraire, l'inquiétude et le découragement laisseront-ils le champ libre aux principes dissolvants qui nous assaillent de toutes parts! Là est la clef de l'énigme de demain. »

Voilà le problème moral de notre génération posé.

Cela me rappelle, d'une façon étonnante, ce qu'il y a un an j'avais essayé d'exprimer dans une lettre à P. Barrès.

Pourtant, à moi, cette période 1914-1919-1924

ne me semble pas constituer une étape continue de désillusion.

Au contraire. Les premières années s'opposent aux dernières, 1914-1919, c'est l'essor de l'enthousiasme, le drame de la guerre que nousa vons vécu, frémissants de toute l'ardeur de nos vingt ans; c'est l'ascension de nos héroïsmes qu'est venue auréoler la victoire, point culminant de nos efforts. 1919-1924, c'est la détente après l'effort, le laisser aller de nos énergies devant une vie que nous croyions plus facile, puis des heurts contre un monde trop égoïste, la sensation d'être désemparés...

Voici l'admirable réponse que donne le P. Doncœur : « Vous aurez à vous mesurer, je vous l'annonce, à des événements formidables.

« Avis à vous : ordre de vous grandir, ordre de faire de vous des valeurs éminentes par le travail acharné, par l'audace dans les options et les vouloirs, c'est-à-dire en réservant vos choix et vos amours pour les grandes causes et les services héroïques. »

C'est une réponse, c'est un programme.

Ils sont adressés aux jeunes d'aujourd'hui, mais n'est-il pas temps encore de nous ressaisir, nous, les jeunes d'hier?

Nous traînons une lourde expérience dans nos cœurs meurtris. Loin d'en faire une cause de désespérance, usons-en, au contraire, et parons-nous-en comme d'un talisman contre les heures sombres qui s'amassent pour l'avenir. Forgeons-nous, de tous nos muscles et de tous nos nerfs, des cuirasses pour y inclure nos volontés et provoquons le combat d'où notre foi sortira victorieuse et éclatante. L'enthousiasme de nos vingt ans, que la guerre

avait si puissamment stimulé n'est pas mort, il n'est qu'assoupi. Bousculons cette léthargie, réveillons toutes nos forces pour lui rendre son impétuosité splendide. Élevons-nous par la méditation et le travail et que notre idéal, qui nous a faits si forts et si beaux, ayant recouvré son lustre des jours glorieux, brille, comme l'étoile des Mages, étincelant et directeur dans la tempête qui monte pour demain !

18 Novembre.

Je commence un nouveau cahier sous l'insigne de Jeanne-d'Arc.

J'accepte de grand cœur ce patronage : il n'en est guère de plus exaltant.

Puissé-je, sous son égide, elle qui fut la sainte de la patrie, me spiritualiser jusqu'aux deux amours essentiels : *Deus, patria!*

Puissé-je à son image, elle qui fut la Pucelle, m'abreuver d'humilité !

Puissé-je, à son exemple, elle qui bouta l'Anglais hors de France, ébranler mes ennemis, mes irréductibles ennemis, ceux du dedans de moi-même, puis ceux du dehors !

19 Novembre.

Mauvaise passe ! Ces messieurs de Koch (les bacilles) doivent s'amuser à verser du plomb dans ma tête !

* * *

J'ai sorti d'un lot que j'avais emporté une gravure hollandaise d'après Bronner, intitulée « la Colerre »!

Il y a bien deux r à colère. C'est plus expressif.

La gravure à la manière noire est bonne, mais

ce qui m'enchante en elle, pour le moment, c'est le sujet et surtout l'expression.

Dans un encadrement ovale d'une vingtaine de centimètres de hauteur, un homme de guerre du XVIIe siècle, feutre emplumé, se présente de trois-quarts, le buste en avant, portant la main droite au pommeau de sa rapière, dans le geste de quelqu'un qui va tirer son arme. C'est tout. L'ensemble est sombre sur un fond noir. Mais un côté du visage se détache très blanc, et, sur le bord du feutre, dans son ombre portée, étincellent deux yeux extraordinaires, des yeux qui vivent et font frémir par tout ce qu'ils expriment de fureur calme, réfléchie, voulue.

J'ai accroché cette estampe, au mur, en face de moi.

N'y a-t-il pas là de quoi m'instituer une furie? O pusillanime! Excite-toi semblablement contre toi-même.

20 Novembre.

Reçu des épreuves de photos à choisir. L'une surtout me plaît beaucoup. La tête occupe presque tout l'encadrement et est tournée de trois-quarts, l'expression un peu dédaigneuse. Une ombre large sur le cou nu accuse le relief. J'ai déjà vu quelque chose dans ce genre, fait en Italie. La figure humaine y gagne incontestablement une beauté sculpturale.

*
* *

C'est un de ces jours où je ne vaux rien. J'essaie de secouer cette torpeur. Rien! Ma tête, mes nerfs, tout travaille à vide. Mais je lutte quand même, je veux lutter.

Alors, à ces heures d'indigence extrême où je sens ma tête aussi ravagée que mon corps, comme certaines imaginations, ne sentant plus les barrières habituelles aussi fermes, dévalent à bride abattue, je me retranche dans la dernière enceinte et j'ouvre mon *Imitation*. Livre des livres, refuge des refuges, ultime recours, source fraîche, jamais tarie à l'âme desséchée. Suprême consolation!

Et je lis justement :

« Ainsi, vous trouverez toujours la Croix.

« Car, ou vous sentirez de la douleur dans le « corps, ou vous éprouverez de l'amertume dans « l'âme. Ainsi tout est dans la Croix et tout consiste « à mourir. Il n'est point d'autre voie qui conduise « à la vie et à la véritable paix du cœur que la « voie de la Croix et d'une mortification continuelle.

« Prenez donc votre Croix et suivez Jésus et « vous parviendrez à l'éternelle vie. »[1]

Alors, à cette lumière toujours nouvelle, infimes m'apparaissent mes misères, ces chétives misères de nos corps fluets et mortels. Qu'est-ce, ô mon Dieu, qu'est-ce en comparaison de votre éternité à laquelle vous nous conviez? Qu'est-ce en comparaison de votre Croix, O Christ vrai Dieu? Qu'est-ce, Dieu de bonté, puisque vous acceptez que nous nous en parions comme d'une robe éclatante et méritoire? Et je comprends et j'envie, Seigneur, vos Saints, ardents de foi et d'amour qu'aucune mortification ne savait rassasier.

21 Novembre.

J'ai lu les premières heures bénédictines. Impression vague, déconcertante, mais plutôt déception.

---

1. *Imitation*, liv. II, chap. XII.

On dirait un artiste venu chercher, en curieux, dans un monastère, des émotions teintées de mysticisme. J'ai besoin moi-même d'une nourriture plus substantielle qui m'enrichisse davantage.

Soir. Les montagnes mauves sombres se dressent plus impressionnantes sur un ciel infiniment pâle et lumineux, où traînent, immatériels, des bancs d'or incandescents. Minute ineffable, plus qu'aucune autre évocatrice. On dirait d'un chant de harpe très pur... de simples et longs arpèges égrénés mollement.

O nature divine, dans ta placidité, verse en mon cœur angoissé de l'approche nocturne, quelques gouttes de ton calme apaisant, de ta sereine lumière!

22 Novembre.

Nuit agitée. Certitude que ça va mal.

O Christ unique, source de résignation, je Vous offre mon sacrifice sans restriction aucune. Qu'il en soit de mon Calvaire, comme il Vous plaira.

O Christ unique, source de réconfort et d'amour, puisque voici ma Croix, accordez-moi, tout infirme que je suis, de la porter à votre côté. Alors comment d'un regard de votre incommensurable bonté ne sauriez-Vous me soulager?

Avec votre divine grâce, loin de la repousser, je veux l'aimer cette Croix, par amour pour Vous.

Cependant, je vous implore, Christ, unique source de pureté; du fond de mon âme, je crie vers Vous pour que vous pacifiez mon cœur divisé. Prenez-le entre vos mains délectables et élevez-le si haut

que ne puissent y atteindre les bruits frelatés du
monde... si haut qu'aucune fibre ne l'attache plus
à la Créature.

23 Novembre.

Je relève ce mot, prêté à Michel-Ange :

« Malheureux que je suis qui, songeant aux
« années écoulées, ne puis retrouver, parmi elles
« toutes, un seul jour qui ait été à moi. »

Je ne comprends pas bien.

Ou plutôt, si. C'est le cri de l'homme qui se
retourne et, regardant son passé, ne voit qu'un
tourbillon; le cri d'angoisse de l'artiste, poursui-
vant sa chimère, que hantent soudain tant d'heures
évanouies, irrémédiablement perdues.

Mais l'expression est impropre, à mon sens. Les
jours que nous avons vécus ont bien été à nous.
Ils nous ont appartenu quoique nous en ayons fait.
Ce temps nous a été octroyé et nous étions seuls
maîtres de son emploi.

L'emploi de son temps! Combien songent à cette
charge et s'en acquittent?

Ah! mauvais ordonnateurs, oui, si, par notre
faiblesse, nous l'avons gâché vainement.

Alors, je me maudis de tant d'années déjà accumulées que je n'ai remplies que de moi; jusqu'à
tel point nous submerge notre égoïsme, que notre
vie entière pivote autour de cet axe unique : Moi.

Et je m'écrie plutôt :

Malheureux que je suis qui, songeant aux années
écoulées, ne puis trouver parmi elles un seul jour
sans « Moi », une seule heure qui ait été réellement
à Vous, Seigneur.

Résolutions pratiques :

1º Creuser mon esprit en profondeur aux heures de prière.

Y verser, comme un métal en fusion, la splendeur des formules au sens vivant et rogner sans pitié toute bavure de distraction.

Puis de ce creuset, non pas laisser monter mon âme, ainsi qu'une fumée incertaine dans l'espace, mais la dresser toujours plus robuste, comme une colonne, vers le Très-Haut;

2º Travailler aux heures libres avec acharnement et avec ordre, afin de pouvoir chaque soir présenter, devant ma conscience, le fagot amassé durant le jour.

*
* *

Mes deux nuits précédentes avaient été lamentables; la dernière, changement de décor.

Principe fondamental : Aide-toi, le ciel t'aidera. M'aider, c'est lutter avec ma volonté, avec mes nerfs. Un biologiste a écrit « sa vie n'est qu'un équilibre perpétuellement menacé ». Je veux maintenir cet équilibre, je lutte pour le maintenir : lutter avec une foi ardente, avec courage, avec passion, avec une espérance tenace envers et contre tout, avec intelligence comme le fantassin sur le champ de bataille qui s'élance, s'abrite, ménage ses forces, profite du plus petit avantage pour bondir; puis de nouveau, rampe, se terre si l'ennemi riposte trop furieusement et n'a qu'un seul souci : par tous les moyens, prendre l'avantage sur lui.

Alors, de même qu'à l'orage succède l'éclaircie, après cette nuit chaotique j'ai vu lentement le jour se lever dans un poudroiement d'or... un jour rayonnant qui a versé, avec un peu de calme dans mon corps, toute sa splendeur lumineuse dans mon âme.

O mon Seigneur et maître, qu'importent les heures d'angoisse si vous les payez pareillement! Elles sont trop courtes et trop légères, vu le poids de nos fautes, pour qu'encore vous nous dédommagiez d'une si luxueuse consolation. Et votre bonté est sans marge, puisque vous arrêtez le combat avant que nous faiblissions, pour que nous puissions reprendre haleine et fourbir à nouveau nos armes!

26 Novembre.

Insomnie, mais calme.

Heures nocturnes, admirables de recueillement.

Moments où l'âme est plus détachée de ce monde par l'effacement de tout bruit terrestre, où elle s'élève presque d'elle-même de par son essence plus légère que l'air ambiant!

Moments où l'âme est plus subtile, quand elle atteint au domaine, qui est sien, des immensités éthérées de la contemplation, quand l'amour divin, plus puissant qu'une passion, plus fou qu'une ivresse, jaillit, s'écoule sans le heurt du temps!

Je vous bénis pour votre plénitude, heures douces, heures apaisantes à nos cœurs tourmentés d'au delà.....

****

O mon Seigneur et mon Dieu! Vous avez assoiffé mon être de mystère et d'idéal. Je n'étouffe pas ces voix qui sillonnent la nuit environnante. D'elles seules j'attends un peu de clarté, un peu de paix.

Et je tends l'oreille, anxieux de saisir ne serait-ce qu'une bribe de leur sens caché.

Mais qui, qui, mon Dieu, pénétrerait les secrets du ciel?

*
* *

Le vent d'Italie a soufflé avec rage, c'est une sorte de tramontane.

J'aime le nom qu'on lui donne ici : « la Lombarde ». Il m'évoque une déesse antique et luxuriante (un peu genre Rubens) née dans les grasses plaines du Pô, gonflant ses joues rubicondes pour nous vomir son souffle, mais les glaciers, au passage, l'ont légèrement rafraîchi!

Quelques centimètres de neige, au lieu de se poser en un tapis moelleux, semblent une poussière de coton mal balayée, entassée à tous les creux.

Progressivement le temps se dégage jusqu'au soir qui est lumineux et cependant incolore, avec ce que le froid sec met de si limpide et de si vivifiant dans l'air.

27 Novembre.

Ce matin : — 12°. Ça pique! J'ai le bout des doigts aussi raides que mon stylo.

28 Novembre.

Je vois, de mon lit, des gens passer avec des patins. Émotion... Souvenirs d'un sport très pratiqué et dont l'action, jointe à une harmonie pleine d'ordre, a quelque chose de grisant et d'unique que procure la glissade de la lame d'acier dont le tranchant mord la glace.

Les figures s'enchaînent, se commandent et

s'ajustent avec logique, rythmant à leurs lois les ondulations du corps, l'impeccabilité de leur superposition, et les grands dessins symétriques que le profane ne voit pas.

Dans un parc gelé et comme abandonné, l'étang, près des arbres nus, dont la glace vierge est si unie, si transparente qu'on dirait un cristal bloquant les mousses et les herbes verdâtres du fond.

On hésite à la rayer en s'y risquant et l'on a peur... C'est impossible d'être soutenu par cette masse si pure qu'elle semble immatérielle !

La gaîté saine dans l'air vif : L'émulation, la discordance des couples.

La nuit tombe vite; autour du brasier, sur la rive, on enlève ses patins, étourdi de mouvement, pendant qu'un soleil, rouge de froid, chavire dans le bois mort.....

Encore, au Palais de glace, sous les lampes électriques étincelantes, la piste plus intime. C'est moins sportif; plus de toilettes, des musiques, le thé. On bavarde. Ah! l'instant suprême de l'élancement suprême pour la valse, sur cette blancheur vide !

Oui j'ai connu cela. Connu et aimé même.

Et maintenant, c'est à jamais fini... Mais cela était dans un temps trouble dont je ne puis le détacher; dans un temps où je courais de folie en folie.

Par vos voies impénétrables, vous m'avez forcé de renoncer..., Maître !

Pourtant je ne me suis jamais senti aussi calme.

Ne suis-je pas dans le camp du Tout-Puissant, de Celui qui, seul et par dessus tout, donne la paix du cœur ?

O mon bien-aimé Seigneur! Que votre volonté
soit faite. Qu'elle s'accomplisse en moi, comme
Vous le désirez. Je l'accepte les yeux fermés, en
Vous bénissant pour vos dons innombrables au
milieu desquels brille, plus merveilleuse, cette
sérénité que Vous versez dans nos âmes.

29 Novembre.

1er dimanche de l'Avent.

Je n'entendrai pas cette année le *rorate cœli
desuper*.

Je lisais justement des lettres de N. Guttinguer
à Sainte-Beuve, datant de l'époque de la conver-
sion du premier. Il dit son émotion dans ce temps
de l'Avent qui lui donne une recrudescence de foi
et d'amour. « Je laisse entrer à flots le *consolamini*..
c'est de toute beauté, lisez cela un soir, et le *rorate
cœli*, quelle douceur, quelle amitié. »

J'ai pour la soirée, incrustée dans la tête, cette
mélodie poignante du *rorate*.

30 Novembre.

J'ai terminé la lecture des Heures bénédictines.
Dans tout l'ouvrage, la seule page qui m'ait réellement ému est celle empruntée au cahier intime
du jeune moine sur « l'amour divin », passion essentielle et vitale, animant le cloître.

Quelle simplicité! Quelle naïveté vraiment surnaturelle dans l'élévation!

On sent passer comme une bouffée de ce même
souffle, tout embaumé du plus ardent et du plus
merveilleux amour, que possédait déjà, voilà sept
siècles, ce « fou d'Assise », le Grand Saint François.

2 Décembre.

Temps gris, ciel bouché, bruits étouffés.

Mon cœur est de même, triste, sans ressort :
Que je chante des vers aimés pour le charmer
ou que je cravache, rien ne vibre.

La douceur ni la violence n'y font.

La moindre contrariété arrive à influer sur moi
dans des proportions fantastiques, tel un gravier
tombant dans un puits éveille des échos dispro-
portionnés.

Où est la cause exactement? Est-ce le physique
ou le moral qui commence le premier à troubler
l'harmonie?

Dilemme. Cercle vicieux.

Quel est celui qui entraîne l'autre? Tantôt je
penche d'un côté, tantôt de l'autre. Au fond, là
comme ailleurs, comme partout, que sais-je après
tant d'analyses? Rien, rien, rien, sinon que nous
ne sommes qu'instabilité, physiquement, moralement; équilibre précaire qu'une chiquenaude, que
dis-je, une chiquenaude, un impondérable, boule-
verse.

C'est le temps de l'affliction.

Et si je me retourne vers le Seigneur, ma prière
est si faible, si dissipée qu'elle ne me paraît même
pas digne d'être entendue. Je la vois, comme ces
fusées dans la nuit, qui jaillissent et montent droit
vers la nue, si vite fatiguées, si loin de la voûte
céleste, se cabrent, puis retombent éparpillées. Ces
fusées donnent peut-être une illusion — et combien
fugitive — d'éclairement sur la terre, mais elles
n'ont jamais illuminé le ciel. Au contraire, loin et
profond derrière elles, il semble plus sombre.....

4 Décembre.

19° au-dessous de zéro depuis hier.

Avec ma fenêtre ouverte, comment travailler dans cette Sibérie?

Je passe de longues heures dans l'inaction. Cela me désole, car mon esprit n'est pas assez fixé pour dérouler une méditation suivie. Il bat constamment la campagne et, comme un mauvais chien de chasse, n'a guère de rappel.

Frère, il faut lutter quand même.

Et Vous, Vierge très prudente, Vierge puissante, priez pour moi et enseignez-moi la patience.

*
* *

Fait quelques pas dehors à une heure.

C'est un émerveillement toujours nouveau que le ciel bleu, d'un certain bleu de saphir, plus pâle sous le soleil et très profond à l'opposé recouvrant de son dôme immaculé un paysage de montagnes neigeuses.

Quelle féerie de lumière!

*
* *

Je suis opposé au principe des peintres qui voient et peignent la neige bleue.

En réalité, c'est une question de nuance et très délicate.

Je hurle si, sous prétexte d'effet, on me présente une tartine violet-évêque, bleu outre-mer, ou rose-cerise. Même si, dans certains cas particuliers, la neige prend ces colorations, il est de règle que l'artiste doit éliminer l'invraisemblable.

L'effet d'ensemble de la neige doit être blanc.

Mais sur ce blanc de la neige tout influe et c'est là qu'intervient la notion des nuances.

Pour la neige au soleil, c'est la matière du blanc le plus pur et de nature cristalline. Les rayons de soleil frappent cette surface comme un miroir immense et leur réflection y allume un foyer nouveau d'incandescence.

Comment traduire cela sur une toile, avec des pinceaux? C'est une affaire qui relève de la technique picturale.

Cette incandescence de la neige, qui est un reflet et non une source, n'est pas continuellement identique à elle-même, comme celle d'une ampoule électrique, par exemple. La position et l'incidence du soleil jouent un rôle primordial; vers le soir surtout, on voit cette lumière prendre des tonalités de plus en plus chaudes, jaune d'or, jaune ocre, puis orange, puis mourir dans le rose-lie de vin de l'Alpengluhn, qui est un écho du couchant empourpré au moment où le soleil disparaît.

Quant aux neiges qui ne sont plus directement touchées par le soleil, c'est plus difficile.

Je fais à ce sujet, depuis quelques jours, une petite étude très intéressante sur une montagne de mon horizon et plus près, sur un talus qui fait son gros dos à trente pas devant ma fenêtre.

La couche de neige qui recouvre ce dernier, subit, depuis le matin jusqu'au soir, la gamme complète des éclairages et des ombres. Quoique je fasse, il est là devant mes yeux, au premier plan, et ce n'est certes pas le temps qui me manque pour me livrer aux charmes de sa contemplation.

Dès que les doigts de l'ombre se posent sur les

cristaux de la neige, leur vie s'en va, leur luminosité ardente s'éclipse. Ce n'est plus que blancheur morte sur laquelle joue encore cependant la réverbération du ciel éclairé. Si le ciel est bleu, voilà la neige bleue!

Enfin de compte, j'arrive à ceci :

Les neiges vivantes au soleil sont radieuses de lumière par réflection de l'astre en feu.

Les neiges mortes, dans l'ombre, ne sont plus que cendres que caresse un lustre, le reflet d'un reflet.....

Cendres à fond gris d'argent presque blanc, gris de perle très pâle, gris de fer plus sombre, gris de plomb même. Lustre d'azur ou léger ou intense, poussé jusqu'aux mauves somptueux ou tout à fait incolore.

Système complexe, aux éléments variables suivant l'exposition différente de chaque parcelle et de chaque plan, suivant les voisinages et les contrastes, suivant les ciels changeants, suivant le circuit des saisons et des heures.

5 Décembre.

La neige est si sèche, si gelée, que je l'entends crisser sous les pas.

Si par hasard une voiture encore se risque, elle grince sous les roues avec des sonorités de rouleau métallique, des tintements de sonnailles.

Et l'on est surpris de cette neige qui, au lieu d'ouater les bruits, les amplifie en les transposant sur un mode qui éveille à l'oreille le souvenir d'une vibration cristalline.

Qui oserait dire : Un charriot passe en tintant?

C'est pourtant vrai et c'est la neige qui tinte.

***

Lentement je vois l'envahissement de la nuit bien après que le soleil a fui.

La neige encore garde quelque chose de blafard qui lui vient d'une dernière réverbération du ciel pâle. C'est si neutre qu'on pourrait croire à une luminosité propre des cristaux, c'est si froid qu'on a l'impression d'un suaire enveloppant la planète éteinte.

Je reste la fenêtre grande ouverte aspirant dans les ténèbres ce que cette mort glaciale d'un jour peut verser de régénérant dans mes poumons.

A cette heure, l'air est si sec, si pur, si transparent, si léger, si fin, si subtil, si impondérable, si immatériel que j'ai toujours pensé qu'on ne pouvait mieux se figurer l'éther de ces espaces infinis où se meuvent les mondes.

***

L'*Imitation* est bien le livre de chevet par excellence. Elle suit le voyageur pas à pas et qu'il aille vite ou lentement, chemine à pied ou galope, parcourt grand'routes larges et droites ou traverse fourrés et marécages; qu'il brûle l'étape ou fasse halte, sous le soleil ou la bourrasque, harassé ou frais et dispos, elle semble, à chaque instant, lui tendre la main et lui dire : C'était prévu; tu devais passer par là; ici, je t'attendais; tu allais partir sur une fausse route, voici la bonne; ne suis-je pas, par excellence, le guide où se trouve tracé le chemin de ta vie, puisque je suis l'interprète de Celui qui est la Voie, la Vérité, et la Vie?

Quel viatique plus efficace trouverais-je de par le monde pour m'aider dans l'étape quotidienne à gravir la pente?

6 Décembre.

Comme tu as aimé jusqu'à la passion baigner ton corps jeune et faire ruisseler l'eau sur tes membres musclés, la nage adorable avec cette fluidité fraîche qui vous engaine et vous caresse; et les grands espaces libres... randonnées et combats aériens, auto, tennis, le cheval qui galope, le patin et le skiff qui file sur l'eau, qu'on pelle avec puissance et douceur..... maintenant, transpose ton entraînement dans un autre domaine, celui de l'esprit.

Ton corps, cette guenille, tu l'as assez choyé. Son temps est passé. Lui, si fragile, que méritait-il de plus? Quel accroissement utile et durable saurais-tu lui donner. Le résultat ne changera pas, le dernier acte sera le même.

Il est plus sage de t'acheminer lentement vers le dénouement que de laisser celui-ci brutalement te surprendre.

Or le moment est venu de laisser là ton corps qui glisse vers l'anéantissement et de t'acquérir, au contraire, de ces richesses spirituelles qui sont trésors impérissables.

Anime-toi donc d'une ardeur sans pareille pour laver ton âme et l'embellir. Prie avec ferveur, pour que ruisselle la grâce, telle une eau surnaturelle et, qu'alors le Bien-Aimé se plaise à contempler le sanctuaire que tes efforts lui auront préparé et que Lui seul saurait orner.

7 Décembre.

J'inaugure ce nouveau cahier sous le signe de Bellone.

A qui déclarerais-je la guerre si ce n'est à moi-même? Le véritable ennemi n'est pas au dehors, mais en nous : c'est nous-mêmes. Guerre donc au dedans! Pour condenser mon attention, ma volonté à l'aide d'un effort physique avant l'élancement de la pensée, je ramasse tous mes muscles, puis je récupère ma mémoire et l'oblige à fonctionner.

Je facilite ensuite son détachement terrestre par l'oraison qui est une supplication humaine tendue vers l'Infini de la Divinité.— Suit la lecture pieuse, puis j'attaque le travail normal.

8 Décembre.

Il y a dans ces pays de montagne deux moments très curieux auxquels nous ne sommes pas habitués dans nos régions de plaine. C'est avant le lever et après le coucher du soleil : Celui-ci est masqué par la montagne cependant que le jour est déjà ou encore clair.

Ce matin il commençait de faire jour à sept heures et le soleil n'est apparu qu'à neuf. On a, dans cet intervalle, un éclairage par réflection sur le ciel doux et tamisé, éclairage qui ne manque pas de charme. La voûte absolument dégagée est pâle, diaphane, comme laiteuse. On dirait d'une albâtre pure, éclairée par transparence.

10 Décembre.

Lu un article impressionnant d'après U. P. Quint, sur la *Vie de Marcel Proust*.

Quel être étrange? Cette chambre, boulevard

Haussmann, tendue de liège, toujours archi-close!
Cette vie dans son lit, avec des gants! Et toujours
la fièvre, des narcotiques, des drogues.

Avec cela, connaissance exacte des dernières
nouvelles, un souvenir précis de ce qui est mondain
et qu'il a aimé avec passion, une mémoire prodigieuse des vices, des tares, des dessous de la société.
Et parfois, une nuit, un coup de sonde pour se
vérifier : un interrogatoire de valetaille.

Quel effort de l'homme pour suivre son rêve,
pour réaliser sa méditation incessante.

Au fond, cette excitation est une forme de contrainte comme une autre, pour extraire le suc de
son cerveau, de sa sensibilité surchauffée.

Nous sommes des vignes et nos intelligences les
raisins que mûrit et dore le soleil des connaissances
acquises et des perceptions. Laissez les grappes
sur le cep, elles finissent par se dessécher, il ne
reste que la pulpe et les pépins : la sève s'est
résorbée.

Quand elles sont en pleine maturité, portez-les
au pressoir et serrez la vis : le jus coule abondant,
riche de substance. Travaillez-le, sans le falsifier,
c'est le généreux nectar, le vin.

Ah! je voudrais aussi m'enfermer avec ma pensée,
en tête à tête, la torturer pour en extraire quelque
chose, quel que soit ce quelque chose! Je sais que
ma mémoire est un grand trou noir, vide, mais je
sais qu'il n'y a tout de même pas que du vent dans
ma cervelle. Moi aussi, « tout ce que j'ai appris, je
l'ai oublié, et le peu que je sais encore, je l'ai
deviné », comme Chamfort.

Cela me dégoûte de sentir le passé gâché! Encore,
si j'avais le temps!

Proust n'a guère commencé qu'en 1905 — il a fini en 1922 — dix-sept ans!

Mais c'est une vie. Je sens bien que ce à quoi j'ai droit, n'est plus qu'un instant.....

11 Décembre.

On publie le journal intime d'un certain Antoine Fontaney, romantique aussi charmant qu'inconnu.

Sainte-Beuve disait de lui : « Il cherchait surtout à comprendre et ne s'exerçait lui-même que rarement. Ce goût et cet orgueil de tout comprendre c'est la marque de l'esprit critique. »

Voilà la pierre d'achoppement : cet esprit critique qui vous empêche non pas d'être touché des belles choses, mais d'être facile dans son admiration pour les œuvres des autres et qui nous fait juger les nôtres tellement inférieures, qu'on se décourage à chaque essai, éparpillant sa peine vainement, sans parvenir à une réalisation, ne fût-elle même qu'imparfaite, justement par suite du sens de cette imperfection que la nature ne tolère pas.

Ceux-là sont plus difficiles pour eux que pour les autres, L'attrait de l'imprévu d'une pensée étrangère était capable, à lui seul, de les entraîner, alors que leur propre méditation, ayant un goût de déjà vu, avant que de la fixer, leur semble fade et négligeable.

Mais je ne crois pas qu'ils marchandent leur enthousiasme quand, avec cette perspicacité que développe précisément l'esprit critique, ils découvrent une réelle beauté dans une œuvre quelle qu'elle soit.

12 Décembre.

Repris la dernière lettre de Madame B... à laquelle je dois une réponse.

J'y réponds, à peu près, comme ceci :

La Philosophie, voyez-vous, c'est admirable... pour soi. On se bâtit des petits systèmes dont on est très content, parce qu'on a entrevu une bribe de vérité ou de ce que l'on a pris pour tel. Et l'on s'en va, tout fier de son trésor, découvert avec plus ou moins de peine, mais que l'on croit toujours être très précieux.

Comme ces gens qui, sous prétexte d'antiquités soi-disant avantageuses, vous rapportent de la foire aux puces, des débris innommables. Pour éviter la désillusion, il vaut mieux garder ces trouvailles pour soi. Le voisin en rit sous cape; l'expert jette bas l'échafaudage de vos prétentions.

Car la vérité n'est pas de ce monde.

Ce que l'on tient et sur lequel on est si fort à se baser, qu'est-ce en définitive?

Quelque chose d'éminemment partiel, d'éminemment variable, qui n'est même pas un fragment, car on peut réunir les fragments pour reconstituer le tout et on n'a jamais reconstitué la vérité.

C'est un reflet. C'est-à-dire quelque chose de très insaisissable et de très changeant qui n'a pas de nature en soi et ne définit pas non plus celle de sa source. Spécifiquement, ce n'est..... rien.

Vous dites : « J'ai toujours dit que l'égoïsme était la base de toute société. »

La belle, l'admirable vérité!

Comme système, c'est peu nouveau : un certain La Rochfoucauld l'expose tout au long : il est vrai, ma foi, qu'il est passé à la postérité.

Mais si je vous disais moi que ce sont les idées, dans ce qu'elles ont de plus pur, de plus détaché, que ce sont les grands enthousiasmes, les grandes passions, les grands dévouements désintéressés qui ont mené le monde; qu'on n'embrasse pas une noble cause, quand on a le sang un peu généreux, par pur égoïsme, quoique vous en pensiez et que ce sont justement ces cœurs ardents qui savent sortir d'eux-mêmes, qui, brûlant comme des torches, illuminent l'avenir et guident l'humanité.

Et que ce sont, au contraire, vos petits égoïsmes, vos petites morales étriquées de concierges qui, s'immisçant partout, comme la poussière dans l'engrenage, ralentissent les beaux élans et finissent par tuer l'enthousiasme, ce soleil radieux, sans lequel la vie ne serait qu'un paysage enténébré!

Je me révolte quand je vous vois écrire : « La vie est une vaste blague, elle est beaucoup trop longue! » On sent que vous avez l'assurance de votre santé; mais si ce soir, à l'instant, on vous mettait au pied du mur, un canon de browning braqué entre les deux yeux, oseriez-vous proférer de tels blasphèmes? Vous réfléchiriez probablement un peu plus au sens de ces formules à effet, qui ne sont que littérature.

Voilà ce que je pense.....

*
* *

Est-ce simplement l'habitude de vivre? Ou n'est-ce pas plutôt l'obscure intuition de l'approche du dénouement? Mais le temps fuit vertigineusement. Je sens qu'il m'échappe. Je voudrais plus que jamais, non pas le retenir, mais utiliser avec fruit ce dont je dispose. Personne n'a comme moi de longues heures quotidiennes où l'esprit peut flâner librement. Une partie est fixée par les rites de ma discipline, dans le reste ce que je glane est pauvre, médiocre.

Où se cachent, et comment atteindre ces trésors merveilleux, ces somptueuses richesses de la pensée dont le mirage me hante?

Péniblement, bien péniblement, je réalise quelques mots; si je les relis, cela ne me semble que du vent.

Tant pis pour moi. J'ai gaspillé des années nombreuses, et les meilleures, où l'effort m'était loisible. Maintenant que je suis pris d'un beau zèle, il est trop tard. Bientôt il faudra mettre le mot : Fin.

13 Décembre.

L'*Imitation*, qui se prête à tous les états d'âme avec des nuances infinies, demeure mon principal refuge.

Aujourd'hui je lis :

« Il faut aussi quelquefois user de violence et résister aux convoitises des sens, avec une grande force, sans prendre garde à ce que veut la chair et à ce qu'elle ne veut pas et travailler surtout à la soumettre à l'esprit, malgré elle. »[1]

Même hors du monde, à l'écart de toute agitation, comme un demi-religieux, même malade, diminué dans mes facultés vitales, je connais ces appels enfiévrés de mon sang et j'en souffre.

Je prie et je lutte, Seigneur, ou du moins je le crois. Mais quand votre appui me manque, je suis

1. *Imitation*, liv. III, chap. XI.

faible et désemparé, un rien me renverse. Seigneur!
ne vous détournez pas de moi, ne me rejetez pas
de votre présence, je frémirais d'épouvante!

Apprenez-moi la ferveur, cette ferveur qui nous
lie à vous et, de même qu'elle nous élève vers vous
et nous fait participer plus abondamment à la
grâce qui émane de vous, vous attache aussi à
nous et vous fait partager avec plus de sollicitude
nos misères pour les secourir.

Alors seulement, fort de votre force, je saurai
faire taire ma chair, la châtier et l'asservir.

O très Sainte Vierge, mère du Christ et notre
mère aussi, depuis la scène mémorable du Calvaire,
comment ne pas recourir à vous aux heures troubles
où l'esprit se dissipe? Votre tendresse maternelle
ne saurait abandonner ceux qui vous ont été confiés
si misérables soient-ils.

Que votre amour vigilant soit, à ces heures
sombres, notre réconfort, notre secours et notre
protection!

15 Décembre.

Il neige, non à gros flocons, mais à petits grains secs
et espacés; c'est comme une grêle légère qui vire-
volte. L'atmosphère en est obscurcie; les montagnes
se sont effacées. Nous sommes sous la cloche grise.
Impression de lourdeur.

Splendeurs de l'*Imitation*.
Comment découper dans ce tissu ininterrompu
et merveilleux? Si j'avais de très somptueux col-
liers, perles ou diamants, ne pouvant les mettre,
j'aimerais à détacher les plus purs joyaux et, sans

monture vaine, simplement sur un velours souple et chaud, les placer pour en jouir éperdument.....

Que sont ces misérables clinquants à côté des trésors de la vie surnaturelle?

Créature, y songes-tu? Y songes-tu vraiment?

Mais alors tu devrais bondir, sortir de toi-même, de ta médiocrité si lâche et brûler d'un amour tel que ta chair indigne se consumme et tombe en cendres, que l'âme déliée de son joug, rayonnante, enfin s'élance dans la lumière, d'où elle vient, où elle aspire.....

16 Décembre.

Nuit détestable. Insomnies.

Soleil radieux, je le prends en grippe pour sa placidité!... Je paie toute la journée le tribut de ces nuits énervantes.

18 Décembre.

Il y a longtemps que je pense ce que je sais. Maintenant je sais ce qu'on en pense... Qu'y a-t-il de changé? Rien. Reste écrit, ce qui est écrit.

« Que votre volonté soit la mienne, que ma volonté suive la vôtre et jamais ne s'en écarte en rien. »

Je n'ai pas d'autre refuge dans mes langueurs, dans mes faiblesses. Quand tout me manque et s'écroule, tout ce qui est humain, alors, comme une pyramide dans le désert, je sens qu'il n'est qu'un abri sûr, mille et dix mille fois plus inviolable que ces humaines sépultures des Pharaons, c'est « cette confiance en Dieu, aveugle, forcenée ».

Il est juste, il est nécessaire que mon refuge soit intangible, car ce que j'y enferme n'est pas une dépouille mortelle, ou putride ou embaumée, mais la vie même de mon âme.

Et cette confiance en Dieu remplit les conditions puisqu'elle est édifiée intérieurement avec ces blocs de la vérité surnaturelle sur lesquels se brisent enfantinement les pauvres efforts adverses d'une science uniquement humaine.

Reste à me pénétrer toujours davantage de l'immensité de ce prodigieux trésor, puisque celui qui me l'offre est le Souverain Roi, Seigneur tout-puissant.

Reste à être digne d'approcher mes lèvres de cette fontaine de consolations.

Reste à me sacrifier moi-même, à m'annihiler dans mes volontés humaines, si mesquines, et à me ravilir dans mon orgueil jusqu'à « cette boue des places publiques »[1].

20 Décembre.

La Lombarde a soufflé en tourmente toute la nuit. Au tur et à mesure qu'elle s'apaise, la neige, cette fois en vrais flocons, tourbillonne, puis tombe de plus en plus calme et serrée. Les mille aspérités du sol ont disparu; la couche ouatée et pure déjà s'épaissit bien au delà du plus somptueux tapis de plain-pied.

Aucun bruit... que des voix.

*
* *

Tracas, malaises, souffrances, voilà mon train commun.

Qu'est-ce, ô Christ! Homme de douleurs, Dieu qui fûtes le grand outragé?

1. St Françols d'Assise.

Que sont mes misérables misères, si chétives que
je reste encore attaché à cette vie?

Exercez-moi à votre patience, ô Christ bien-
aimé ; que cette vie présente et douloureuse devienne,
par votre grâce, une source abondante de mérites,
qu'elle me détache de mon humaine médiocrité et
m'entraîne dans votre voie où « nous marchons
vers Vous qui êtes notre couronne »[1].

21 Décembre.

Répondu une longue lettre à Mademoiselle S...
On précise davantage, à distance, la sympathie
que l'on a pour certains caractères. Du pied de
la tour, on ne juge pas sa hauteur. Il faut s'écarter
pour que l'œil et le cerveau, ayant une perspective
d'ensemble, apprécient à leur juste valeur.

J. Cocteau a écrit excellemment : « Le lien d'ab-
sence se renforce à mesure qu'il s'allonge et
renverse les perspectives, puisque nous voyons
ceux qui s'éloignent grandir démesurément. »[2]

C'est très juste.

22 Décembre.

Après deux jours de neige, la pluie.

Il fait doux. Par terre, la neige humide doit être
un innommable gâchis. Des toits, elle tombe par
masses qui s'écrasent lourdement au pied des
maisons avec un bruit flasque.

C'est lamentable.

1. *Imitation*, liv. III, chap. xviii.
2. J. Cocteau : *Thomas l'imposteur.*

*
* *

« Comment peut-on aimer une vie remplie de tant d'amertumes?

« Et cependant on l'aime, parce qu'on est encore dominé par les convoitises de la chair.

« Le désir de la chair, le désir des yeux et l'orgueil de la vie inspirent l'amour du monde; mais les peines et les misères qui les suivent justement, produisent la haine et le dégoût du monde.

« Puissant Dieu d'Israël... Remplissez-moi d'une force toute céleste de peur que le vieil homme, cette chair de péché qui n'est pas encore entièrement soumise à l'esprit, ne prévale et ne domine; elle, contre qui nous devons combattre jusqu'au dernier soupir dans cette vie chargée de tant de misères. »[1]

Qu'ajouterai-je à ces paroles?

Mon cas est là, mieux exposé que je n'y parviendrais jamais.

Aucune voix ne saura dire plus exactement ma misère et mes faiblesses, et la force dont j'ai tant besoin.

Faites, ô Christ Jésus, que ce Noël qui me rapprochera de vous, scelle l'alliance intime et définitive que je veux, de toutes mes facultés supérieures, nouer avec vous.

Qu'une large pénitence rachète mon indignité; puis, que, fort de votre force qui vivra en moi, j'affronte ces derniers spasmes de la chair, pour atteindre la fin, qui ne saurait tarder, dans la Paix, dans votre Paix.....

-----

1. *Imitation*, liv. III, chap. xx.

23 Décembre.

« Si vous vivez selon les instincts de la chair, vous ferez mourir en vous la vie de la grâce; mais si vous mortifiez les tendances dépravées de la chair, alors vous vivrez de la vie divine. »[1]

On ne peut être plus explicite. L'essentiel du combat se circonscrit à cela.

Laisse couler à flots ta contrition.

Que ce qu'elle contient d'amertume dans ses regrets, baigne ta chair.

Que sa suavité s'épanche en un cantique sur-humain d'amour pour celui qui, par ses mérites, te rachète, te relève, te réconforte et te dit : « Paix sur la terre aux hommes de bonne volonté. »

De bonne volonté dont le vouloir est droit.

24 Décembre.

Veille de Noël !

Marie et Joseph cherchaient un abri, un refuge. On les repoussait. Cependant cette nuit-là, Jésus, fils du Dieu tout-puissant, devait naître sur cette terre. Mais on dédaignait ses parents : ils n'avaient pas d'argent. C'étaient d'humbles ouvriers : on les méprisait.

Ainsi, avant même que d'apparaître sur notre globe, Christ Sauveur qui deviez, par la suite, nous enseigner et nous apporter toute richesse vraie, vous proclamiez qu'il n'y avait rien de commun entre l'esprit de ce monde et Vous, que ses biens, ses honneurs vous indifféraient quant à nos âmes, unique objet de votre sollicitude.

Vous proclamiez que seules importent les valeurs

---

1. St Paul aux Romains.

spirituelles qui détachent l'homme de ces notions éphémères et l'orientent vers l'Éternel.

Mais si j'ai marché vers Vous, Christ de Bethléem, c'est parce que vous-même m'y avez incité le premier.

Jusqu'où dresser ma reconnaissance, ma louange, mon amour pour vous, puisque non seulement vous venez ce soir pour m'offrir le plus merveilleux festin, mais encore vous m'avez pris par la main pour m'y conduire.

25 Décembre.

Messe à la chapelle. Humble messe. Cependant trop de monde, d'agitation, pour moi habitué à ma méditation solitaire.

Cela me brouille ma joie.

Dans la journée la neige tombe ininterrompue, dense et verticale.

27 Décembre.

Vers le soir, de nouveau il gèle sec.

La voûte céleste, infiniment lointaine, semble encore reculée, creusant sous sa courbure agrandie un vide froid et silencieux.

La masse, obscure déjà des montagnes se profile aussi nette qu'une ombre chinoise et tranche sur un ciel tout délavé dans la lumière, avec des traînées qui s'étirent et se fondent, d'azur pâle, de vert d'eau, de saumon nacré et de mauves bientôt tournés en cendres.

Je suis au centre d'un immense cratère de ténèbres et de mort dont les bords, irrégulièrement échancrés, telle une monture à l'arabesque baroque, sertissent cette coupole irisée et diaphane : la plus gigantesque et merveilleuse opale.

29 Décembre.

Mon père arrive ce soir. 26 heures de voyage!
Cadeaux de Noël, souvenirs d'autrefois!

*
* *

Retrouvé dans d'anciennes notes ces deux lignes :
« Celui qui sent vivement les voluptés de la terre,
tôt ou tard est attiré par le goût des fruits du ciel. »

On serait peu surpris de les savoir de saint Augustin, à vrai dire on l'est davantage quand on lit
à la suite le nom de Balzac!

Il y a pour le moins quelque chose d'inattendu
dans cette déclaration chez un tel diable d'homme.

Mais dans son labeur de titan, quelles perspectives sa cervelle géniale n'a-t-elle pas entrevues?

30 Décembre.

Je sens que je m'échappe à moi-même. Un rien
me dissipe. Mon esprit volage adhère plus difficilement. Sont-ce les fêtes? Pourtant leurs manifestations ne parviennent guère jusqu'à moi. A peine
un peu plus d'animation à cause de la présence de
mon père.

Soit, comme les enfants (il ne faut pas les décourager inutilement), je t'octroie ces jours de vacances
spirituelles. Entendons-nous : rien de changé dans
ta discipline générale, ni dans le rythme des prières;
seulement plus de liberté dans les intervalles. Tu
en profiteras pour lire à ta guise ce qu'on t'a apporté.

Et cela, pour ensuite mieux repartir d'un nouvel
élan, comme l'alpiniste après la halte.

1er Janvier.

J'ai lu aujourd'hui *(Imitation)* :

Donnez-moi

« La force pour résister,
la patience pour souffrir,
la constance pour persévérer. »

Voilà, Seigneur, ce que j'implore de Vous, cela et rien de plus.

Je l'implore avec ardeur, avec confiance, en ce jour où Vous, notre Père qui êtes aux Cieux, vous ne pouvez pas nous refuser les étrennes que nous sollicitons.

Alors, et alors seulement, cette année sera bénie, car tout le reste n'est rien, qu'ombres fugaces sur la route.

6 Janvier.

Nous venons de traverser une période qui avait tout l'air d'une tentative de dégel et le décor blanc de l'hiver montagnard commençait à prendre un air souillé et lamentable.

Enfin, ce matin, voici une couche de neige neuve qui noie les derniers détails du relief habituel. La surface est molle, égale et apaisée, comme une nappe d'eau tranquille. A peine quelques ondulations, quelques stries, où traîne une ombre d'un bleu cendré, incertain et diaphane et si floue qu'on dirait une fumée de cigarette figée là.

Ce n'est pas que le décor soit nouveau; c'est à peine, en m'efforçant, si je trouve quelque infime modification, mais il est rafraîchi, remis à neuf. Il a pris un air imperceptiblement plus gai, plus

net, plus jeune, comme une beauté féminine qui
vient de se repoudrer.

Les branches des arbres et des buissons, les palis-
sades et les fils télégraphiques et la grille de mon
jardin se sont réveillés sous une lourde ganse ouatée
si souple qu'elle épouse tous les contours des moindres brindilles et dessine, d'une large surcharge
blanche, leur mince filet noir. Chaque support a sa
charge proportionnée et les toits ont revêtu de
somptueuses chapes immaculées.

Mais dès le premier soleil, cette riche parure,
par flocons, par paquets, se dissout, tombe inerte
et maintenant la structure des premiers plans apparaît noire, triste; de même, le bâtiment paraît
sinistre après le feu d'artifice.

Qu'importe l'évanouissement des garnitures et
des fanfreluches aux mille pierreries! Le soleil,
sans arrêt, verse son éblouissante splendeur qui
mue les champs de neige en précieuses étoffes
étalées et pare au loin les montagnes et les tend de
tissus plus éclatants les uns que les autres, de
satins fulgurants, de brocards et de lamés où l'or
et l'argent sont en fusion.

11 Janvier.

Mon père est reparti à midi. On ne dit rien et
c'est poignant. Rien qu'un quai de gare!

Cependant jamais encore le soleil n'avait lui si
ardent dans un ciel aussi pur, aussi profond, aussi
intense. Là-bas, les neiges rutilent : à nos pieds,
elles fondent en un vrai gâchis.

Ainsi souvent en va-t-il, ici-bas, des plus belles
choses, suivant d'où on les voit.

***

Cette image me poursuit le soir et voici que m'en revient une autre de mes dix-sept ans (avant la guerre) :

> Comme dans une flaque d'eau sale
> Qui croupit dans la boue
> Un regard d'or se joue
> Et met par terre, un coin de ciel pâle.

> Ainsi vous pourriez voir dans mon âme
> Si noire et si rebelle
> En vous penchant sur elle
> Le pur et fin profil d'une femme.

12 Janvier.

Le résultat de mes vacances est lamentable!

O Maître, Maître très doux et très aimé, Dieu de bonté, Dieu fort, Dieu vainqueur, pour moi, votre humble serviteur, j'ose implorer l'appui de votre droite puissante. Renforcez en moi, « le casque et le bouclier de la foi »[1] jusqu'à me rendre invulnérable aux traits empoisonnés de Satan, le Prince du monde.

13 Janvier.

Le solitaire m'a dit :

« Tant que vous vivrez, vous serez sujet au changement, même malgré vous. Tour à tour triste et gai, tranquille et inquiet, fervent et tiède; tantôt actif, tantôt paresseux, tantôt grave, tantôt léger.

« Mais l'homme sage et instruit dans les voies spirituelles, s'élève au-dessus de ces vicissitudes. Il ne considère point ce qu'il éprouve en soi ni de

---

1 St Paul, 1re Ép. aux Thessaloniciens.

quel côté l'incline le vent de l'inconstance, mais il arrête toute son attention sur la fin bienheureuse à laquelle il doit tendre.

« Il faut donc purifier l'intention.[1] »

O Christ! Je vous en supplie, aidez-moi à me détacher de moi-même et enchaînez-moi à l'œuvre de votre gloire, s'il Vous plaît ainsi; et comme salaire, si vous l'en jugez digne, versez à votre faible ouvrier, votre grâce et votre Paix!

14 Janvier.

Reprise du grand froid.

Il y avait longtemps que je ne m'étais offert une aussi mauvaise nuit.

Mais les digues n'ont pas lâché. Officiellement, je puis écrire : le plus grand calme a régné sur tout le front.

Pourtant j'ai voulu orner ces heures vides par la prière, les rêves mauvais m'ont poursuivi. Voilà le résultat de ces déplorables vacances. Dès aujourd'hui il faut commencer ma rééducation spirituelle.

*
* *

J'ai cueilli ce rayon de lumière et m'en imprègne :

« Je suis la vigne, affirme le Christ, mon Père est le vigneron, vous êtes les branches. Toute branche qui porte du fruit, mon Père l'émondera afin qu'elle en porte davantage : car c'est la gloire de mon Père que vous portiez beaucoup de fruit.[2] »

1. *Imitation*, liv. III, chap. XXXIII.
2. Évangile selon saint Jean, 15 (1 à 8).

Ma branche, Seigneur, est chétive et misérable, elle court et serpente au hasard, s'accrochant de ci de là, épuisant la sève vainement. Taillez, coupez sans rémission et les yeux qui ne produiront point et les mauvais bourgeons, ô Vous, le divin vigneron.

Frappez-moi sans ménagement dans ma chair afin que l'esprit dégagé prospère, car c'est lui, lui seul qui porte les fruits qui Vous glorifient. Je sais bien par expérience que je suis un peu moins mauvais quand la souffrance m'étreint, la bonne souffrance! Donc, plus vous accablerez mon corps, plus je crierai votre gloire, très grand, très haut, très puissant Seigneur!

Ah! c'est dur de remettre la machine en route. Au lieu de l'entretenir, tu as préféré laisser tomber le feu. Tant pis pour toi. Ne te plains pas surtout. Maintenant après avoir vidé les cendres et les scories, il faut rallumer et chauffer ferme pour rétablir la pression normale et trouver un peu de puissance. Jette à pleines brassées du bois sur les grilles. Ce n'est pas le combustible qui manque et dans les bûchers les réserves sont illimitées. Prends dans les meilleurs auteurs, choisis comme matière ce qu'il y a de plus substantiel, ce qui te donnera le plus de calories. Pénètre-t'en. Pousse les feux d'une main vigilante. Active le brasier. Il faut obtenir l'ébullition, elle seule redonnera à ta chaudière son pouvoir, sa vie propre, par la vapeur captée dont la force souple est si prodigieuse qu'elle peut faire éclater l'enveloppe.

* *
*

« Priez incessamment », dit saint Paul. La prière n'est-elle pas le verbe de l'âme?

Mon âme peut-elle demeurer muette devant Dieu, tandis que mon corps s'agite ? Mais le moindre mouvement émanant d'elle est un acte de grâce, de louange et d'amour au Créateur, qui me vaut des mérites infinis.

Puissé-je dans le domaine spirituel m'entraîner jusqu'à acquérir un peu de cette loquacité qui, dans le monde, est si pernicieuse.

15 Janvier.

La vie se présente à l'homme comme une montagne.

Chaque homme a sa montagne plus ou moins haute.

Dans la première partie il monte et tout son effort s'applique à gravir la pente pour arriver au faîte. Mais la pente souvent abrupte avec ses aspérités, ses obstacles, s'oppose d'elle-même à cette ascension. Tant qu'il monte, au lieu de flâner, comme tout l'y invite, il se hâte, il peine, profitant peu de ce qui l'entoure. Il ne regarde et ne goûte rien, tenant les yeux constamment fixés devant lui, n'aspirant qu'au sommet qui se dérobe.

Cette montagne a ceci de particulier qu'elle n'a proprement pas de point culminant : on passe d'un versant à l'autre sans s'en apercevoir. Peut-être y a-t-il une arête sur laquelle on ne peut tenir, du moins la plupart ne se sont point doutés qu'ils la franchissaient.

Alors commence la deuxième partie, la descente :

O contradiction! Alors que la pente l'invite et l'entraîne l'homme résiste et il dédaigne ce qui lui est offert à présent. Il regarde en arrière vers cet autre versant qu'il ne peut plus voir, dont il n'a pas joui et qui, maintenant, dans son souvenir, lui paraît admirable. Son esprit en est obsédé et il se garde bien de jeter les yeux vers le bas : le gouffre l'effraie.....

Ainsi l'homme fait-il de sa vie une continuelle résistance au mouvement qui le sollicite. Il est parfaitement exact qu'il « oublie de vivre »[1].

Pour moi qui me suis réveillé tard dans la descente, je m'efforce à un semblant de sagesse. Je me laisse couler au fil de la pente et je regarde en bas devant moi. O miracle! J'y vois une plaine merveilleuse où tout est ordre, paix, douceur et lumière.

Je trouve que cette vision, qui n'est pas un mirage, orne et enchante ce qui me reste de vie.

Je trouve que mon calme flanc de coteau ne manque pas de charmes et. sans me révolter, j'attends paisiblement de glisser jusqu'au bas, car je sais le pays de Chanaan qui, là, s'ouvrira bientôt à moi. Et j'essaie de me préparer; je ceins mes reins et place mes sandales afin d'être digne de pénétrer dans cette terre promise et de la parcourir comme elle m'y invite.

16 Janvier.

J'extrais un minerai pauvre, très pauvre. Il me faut le laver et traiter laborieusement. J'en tire, dans une infime proportion, des produits que je laisse à l'état demi-brut.

1. La Bruyère.

Pour moi cela suffit. A quoi bon procéder à un affinage dont je ne tirerais aucun enrichissement?

Peigner, friser, enjoliver. Pour qui et pourquoi? A part la satisfaction personnelle d'une certaine recherche — elle est réelle, je la connais bien, elle n'est pas sans fruits, car elle assouplit l'esprit — je sais que je n'ai pas de jolie marquise à cajoler.

Il fait un froid de canard. Ce n'est pas de la neige qui tombe, mais une espèce de grésil. L'atmosphère est opaque, sans soleil, presque sans lumière. La Lombarde souffle. Ma fenêtre semble ouverte sur un gouffre.

17 Janvier.

Il neige.

Hélas! pour moi c'est à croire que la même grisaille qui règne au dehors a pénétré jusqu'à moi. Elle envahit et noie mes facultés intellectuelles. Il doit neiger aussi dans mon cerveau.

J'essaie de réveiller mon esprit de sa torpeur en lui insufflant des paroles de vie, mais la neige étouffe les sonorités normales, je ne trouve en lui aucun écho.

J'ai retenu pourtant cette flèche qui a pénétré plus avant :

« La sainte humilité, de laquelle une once vaut mieux que mille livres d'honneur. »[1]

Laissons donc pour aujourd'hui ces lignes au fond desquelles rôdent, quand même et malgré tout, quelques vapeurs d'orgueil...

----

1. Saint François de Sales.

Loin de nous y complaire, cherchons des motifs — ils ne manquent pas — de nous mépriser.

Recueillons-nous jusqu'au prochain soleil dont le premier rayon dissipera, comme par enchantement, les nuées accumulées. Et prions. Prions, afin qu'il nous soit donné d'acquérir, ne serait-ce qu'une seule once, de cette très précieuse et très sainte humilité.

18 Janvier.

Je suis sorti une heure, en taille.....
Neige neuve. Soleil radieux. Et la féerie recommence. Qui s'en lasserait?

Rien n'est plus vivifiant pour le corps usé que ce bain de lumière et d'air infiniment pur

Rien n'est plus enchanteur pour les yeux que l'embrasement de ce décor.

Rien n'est plus apaisant pour l'esprit trop tendu que cette symphonie si calme des blancheurs.

Rien n'est plus exaltant pour l'âme que ce spectacle dont le grandiose naît de l'immaculée et éclatante pureté.

*
* *

Merveilleuse trouvaille :

« Tout le malheur des hommes vient de ne savoir se tenir en repos dans une chambre.[1] »

J'ai dû noter cela un beau jour, en dilettante. Cela dormait dans mes papiers.

Or, voilà que, procédant à une exhumation, je m'émerveille du joyau que je retrouve. Il en est souvent ainsi de certains bijoux de famille. On les

---

1. Pascal.

relègue au fond de quelque tiroir... le temps, la mode, n'est-ce pas? Et puis on les oublie. Mais un jour viendra.....

En somme, c'est un abrégé saisissant de l'histoire de ma vie, et c'est, contraint à une retraite prolongée, que je m'en aperçois. Tant que j'ai couru par le monde en liberté, cherchant le bonheur — cherche-t-on autre chose? — je n'ai trouvé que tourments, agitation vaine, désillusion.

Mais le Seigneur, par ses voies impénétrables, en me fermant l'univers, m'a conduit sur mon chemin de Damas. Progressivement un équilibre s'établit. Je prends notion des valeurs qui, jusqu'ici, s'enchevêtraient pêle-mêle. Tout s'ordonne, se hiérarchise et le monde spirituel dont jadis je longeais le domaine bordé de hauts murs, sans chercher à y pénétrer, le monde moral s'ouvre maintenant à moi, tel un parc splendide : il fallait en trouver l'accès.

Mon esprit était atrophié, abasourdi par le vacarme extérieur, voilà qu'il commence de s'apprivoiser. Je sens ses ailes qui poussent; bientôt elles s'ouvriront et peut-être alors s'envolera-t-il.

Il fut un temps où je croyais vivre dans ce tumulte et ce n'était qu'un imbroglio, qu'une foire où chaque batteleur, à tour de rôle, excitait mon imagination, mes sens. Séduit, j'entrais dans leurs baraques, mais deux minutes après, dégoûté, j'étais dehors. Et pourtant je recommençais plus loin, inlassablement.

Maintenant je sais qu'entre quatre murs nus et monotones peut loger le plus riche des mondes.

Nul n'en a jamais sondé l'immensité, chacun y défriche à sa guise : il suffit d'un peu de recueillement...

Et c'est seulement à l'explorer, usant sa peine, que l'homme a quelque chance de trouver ici-bas un semblant de paix, un semblant de bonheur...

C'est maintenant que je *vis*.

19 Janvier.

J'étais excessif. Je n'avais de goût que pour les choses extrêmes; il eût fallu des richesses fabuleuses pour me satisfaire. Et encore?

Comment dans ces conditions aurais-je pu trouver une once de bonheur humain?

Maintenant, je ne suis pas moins excessif, au contraire : j'aspire à la plus merveilleuse des réalités, puisque c'est la fusion dans l'infini de la divinité.

20 Janvier.

Ma mère disait aujourd'hui, à propos d'un de mes oncles qui se meurt d'une angine de poitrine : Pauvre homme, ce doit être dur de se savoir condamné!

Pauvre homme! Soit; peut-être pour lui!

Pour moi, c'est du jour où j'ai acquis cette certitude que j'ai commencé d'y voir clair.

Pauvre homme, moi! Non, homme heureux!

*
* *

Sorti quelques instants.

Le ciel de lapis-lazuli et la neige vierge déploient chacun une si admirable pureté qu'on voudrait pouvoir en jouir intrinsèquement.

Mais le soleil, en les inondant de son ardente lumière, leur communique un éclat violent qu'il est pénible pour les yeux de soutenir.

Ainsi, dans un orchestre, font des cymbales trop énergiquement entrechoquées : il y a une brutalité du cuivre qui blesse. Cet excès d'éblouissement nuit à l'ensemble de l'harmonie.

Je ne quitte plus mes lunettes munies de verres fumés, mais l'assourdissement qu'elles produisent, s'il rend tolérable aux yeux tant d'éclat, altère malheureusement les tonalités et me gâche le meilleur du spectacle.

21 Janvier.

Reçu la visite de mon confesseur.

Il ne nous appartient pas d'aborder toutes les questions qui peuvent se présenter à notre intelligence, celle-ci n'est qu'humaine. Il n'y a même pas de rapport, puisqu'il n'y a pas de commune mesure entre elle qui est finie et le divin qui est infini.

Gare-toi de la vaine science et de l'orgueil !

Il y a un moment où ta seule attitude doit-être :
Prier. Croire. Espérer. Aimer.
Pour le reste :
« Paix aux hommes de bonne volonté. »

*
* *

Aujourd'hui, sainte Agnès, vierge et martyre.
L'office est plein d'enseignements.

O Christ Jésus ! moi qui connais les faiblesses de la chair et dont l'heure est peut-être toute proche, je vous en supplie, du fond de mon cœur repentant, Vous qui m'avez si souvent aidé à me relever, Vous qui me secourez encore à présent, Vous, mon seul soutien, mon seul réconfort, Vous qui avez envoyé un de vos anges pour défendre la vierge Agnès, entrée dans un lieu d'ignominie. Oh! ne m'abandonnez pas dans l'avenir, ne me ménagez pas les flots de votre grâce! Que leur masse bienfaisante porte ma volonté chancelante et l'entraîne sans cesse vers Vous, comme un fragile esquif, comme une coquille de noix!

*
* *

Mes notes, transcrites sans commentaire, à brûle-pourpoint, au hasard de mes lectures, se présentent avec ce chaos d'un chantier où les matériaux sont rassemblés pêle-mêle, demi-dégrossis, en vue d'une construction.

J'ai parcouru ainsi, par un beau jour d'été, une ville entière qui n'était qu'un vaste chantier : Ypres. Quelques pans délabrés soutenus par des échafaudages et des tas de moellons, à perte de vue! sous le soleil, c'était lugubre.

Pourquoi ce souvenir ne reste-t-il gravé?

Ton sort est de n'aboutir qu'à cette désolation, car d'édifice, il n'en sera point élevé!!

22 Janvier.

La *Revue des Deux-Mondes* publie les cahiers inédits de Sainte-Beuve. V. Giraud, qui les présente, ne manque pas de souligner cette manie du *Journal intime*.

Pour toi, évite de tomber dans la forme : Maximes et pensées. Après La Rochefoucauld, Pascal, La Bruyère, Vauvenargues, Chamfort, Rivarol, Sainte-Beuve, c'est présomptueux, vieux jeu, inutile.

D'ailleurs je n'ai aucun souci du : qu'en dira-t-on.

Mes notes ne sont réellement intimes que parce qu'elles sont secrètes.

23 Janvier.

J'ai passé une bonne demi-journée hier. Mais le soir venu, mes habituelles misères m'ont repris de plus belle, comme pour me rappeler que le mal est toujours là, qu'il ne lâche pas prise, qu'il se cramponne : « Post equitem sedet! »

Plus je vais, plus les éclaircies sont rares, plus elles sont courtes.

Qu'importe, ô mon Seigneur et Maître, si vous m'inondez intérieurement de clarté, de cette divine clarté que rien, sous le soleil, ne saurait éclipser.

Que c'est pauvre! Que c'est piteux, mon Dieu, de supporter, sans plus, l'épreuve que vous m'envoyez.

Tout homme doit bien se plier, coûte que coûte, à votre volonté quand bien même il ne la soupçonnerait pas.

Ce que je voudrais, très doux Jésus, c'est aimer pour Vous, en Vous, ma souffrance d'un cœur ardent et passionné; en faire ma croix chère et inséparable, ma consolation puisqu'elle m'identifie à Vous, mon espérance puisque, grâce à Vous, elle m'est source de mérites, ma gloire puisqu'elle complète votre corps mystique, mon tout puisque son aboutissement est de me fondre en Vous.[1]

*
* *

L'admirable chapitre que le 43e du Livre III de l'*Imitation*, sur la vaine science du siècle!

Il commence par cette concession :

« Mon fils, ne vous laissez pas émouvoir au *charme* et à la *beauté* des discours des hommes. »

---

1. D'après saint Paul.

Ainsi le solitaire reconnaissait un charme, une beauté possible au balbutiement des mortels. Peut-être, sans en être ému, y était-il sensible? Terrible, il continue : « Malheur à ceux qui interrogent les hommes sur toutes sortes de questions curieuses et qui s'inquiètent peu d'apprendre à me servir. »

Ça, c'est pour moi. Mais tout n'est-il pas pour moi? Le chapitre, en entier, le livre en entier. Ne suis-je pas rempli de défauts, comme de poissons la mer?

23 Janvier.

Les jours paraissent allonger d'autant plus qu'ils sont d'une absolue pureté.

Je ne vois pas le couchant, mais juste en face de ma fenêtre, le soleil, vers quatre heures, met maintenant à ma montagne un vaste triangle resplendissant de neiges qui fusent, encadrées de sapins sombres et ternes. Le ciel semble plaqué derrière dans un ton de pastel indéfinissablement bleu; et, pourtant, il y a en lui comme une fluidité.

24 Janvier.

Oh, l'incomparable ciel d'hiver, enchassé dans les sommets aux neiges fulgurantes!

Tout le jour, c'est une gamme de bleus dégradés qui tournent avec le soleil : bleus limpides et éblouissants, bleus virginaux, bleus somptueux comme ceux des vieux vitraux de nos cathédrales, ce sont nos verrières de Rouen que me rappelle ce ciel.

Et puis, vers le soir, tout cet azur profond se résoud, pour quelques instants, en une symphonie nécarat et céladon, d'une ineffable pureté de lueurs.

25 Janvier.

Il se peut que, sous le fardeau, le corps ploie. Mais l'âme ne doit pas en être affligée ni alourdie, ni diminuée.

Au contraire, plus les misères inclinent le corps et l'affaiblissent, plus l'âme, profitant en quelque sorte de cette prostration de la matière, doit se trouver renforcée dans son élan spirituel.

Semblablement, le sphérique, plus léger que l'air, bondit vers le zénith si l'on jette par-dessus bord le leste inerte et tout ce qui pèse inutilement.

Ton élan, c'est l'amour.

« O Jésus, donnez-moi l'amour, l'amour qui a ses secrets, l'amour qui transforme toutes choses et jusqu'à la mort même, surtout la mort..... [1]»

*
* *

Lentement, saintement, le cardinal Mercier s'est éteint. Riche intelligence, grand cœur. Et maintenant, il embrasse sans voiles les secrets infinis de l'amour divin.

C'est la plus belle figure du monde qui disparaît, m'écrit-on de Belgique.

C'est vrai, et si nous manquons encore du recul du temps pour le situer exactement dans la grande hiérarchie humaine, à sa place qui sera haute, tout au moins pouvons-nous, en regard de notre époque troublée, dire de lui ce que L. Bertrand écrivait du grand évêque d'Hippone :

« Une des âmes les plus aimantes et les plus lumineuses qui aient lui parmi nos ténèbres et qui

1. Abbé Perreyve.

aient réchauffé nos tristesses; une des créatures les plus humaines et les plus divines qui soient passées par nos chemins. »

Ce qu'il y a de plus rare et de plus merveilleux dans une nature humaine c'est d'y trouver réunies la sagesse et la simplicité, la bonté et la force, l'intelligence, plénitude des qualités de l'esprit tempérée de modestie, alliée à la charité, plénitude des qualités du cœur, n'excluant pas la bonté; tous les trésors de la pensée joints à tous les trésors de l'amour, sans faiblesse, sans mièvrerie; et ces dons humains portés au paroxysme, sublimisés par la grâce du Christ.

C'est en ce, je trouve, que le cardinal Mercier était très grand.....

26 Janvier.

Mes journées se suivent, identiques. La monotonie n'en est jamais troublée. Je ne connais pas de distractions.

Pas de visites. Pas d'imprévu.

Le soir, je sombre dans le sommeil... à peu près comme le navigateur qui s'embarque sur un vieux raffiot incertain et se demande combien d'escales, et combien longues chacune, il devra faire, en cours de route, pour réparer les avaries probables...

Chaque nuit c'est ainsi.

27 Janvier.

J'éprouve un plaisir à rapprocher ces deux textes.

1° Des mémoires du duc de Broglie :

« Aujourd'hui, après vingt ans de gouvernement

républicain, médiocre, méprisable, mais en définitive supportable, nous ne pouvons plus nous représenter tout ce que ce mot de république disait alors à l'imagination. »

2º Des cahiers de Sainte-Beuve :

« En littérature comme en politique il y a aussi ce qu'on peut appeler les faits acquis. Un critique, sous peine de s'arrêter et de s'annuler, ne peut méconnaître les talents existants qui font leurs preuves, qui font acte de science, d'habileté, de grâce ou de force. Il doit prendre sur lui et triompher de ses antipathies premières, en même temps de ses restrictions théoriques persistantes. »

Le premier de ces textes, d'un homme politique, est, avec quelques restrictions, une constatation spontanée et franche.

Le second d'un critique littéraire, à propos de Victor Hugo, est une concession motivée, un aveu masqué de psychologie, psychologie d'ailleurs fort juste et qui contribue à éclairer le premier.

Tous deux dénotent une disposition d'esprit intelligente en ce sens qu'elle laisse entrevoir une faculté d'adaptation. C'est si rare, si dur pour beaucoup.

C'est pourquoi, il faut y regarder toujours à deux fois avant de condamner, *ex abrupto*, aucun mouvement avancé, ni en politique, ni en art, ni en littérature.

Personnellement, j'ai un penchant marqué pour ce qui est neuf et jeune, souvent même osé. Cela ne veut pas dire que j'admets les yeux fermés tout ce qui est dernier cri, du fait même que c'est Avant-garde.

Non, il y a des exagérations, des fausses routes :
c'est forcé.

Nous ne sommes pas dans le salon d'exposition où
trône, flambant, le chassis vainqueur des quatre
dernières coupes, mais dans l'atelier, au banc
d'essai. C'est ce qui est intéressant. Car là justement
on peut voir et se rendre compte par soi-même,
avant que le *vulgum pecus* ait donné son avis, de
la construction, de la résistance, du fonctionnement,
de la conception détaillée. Mais, c'est là aussi qu'il
faut être armé du sens critique qui, mélange d'intelligence, de goût, d'expérience, d'intuition, scrute,
pèse, juge, adopte ou rejette.

Quelle joie si, de tout ce fatras de choses incohérentes, vous avez pu tirer deux petits bouts de
vérité, bien modestes, que le temps, loin d'ébrécher,
ne fera que confirmer et amplifier.

Devant les hommes qui passent et qui changent,
ce n'est rien, mais pour soi, c'est tout de même
cinglant de devoir admettre identiquement ce que
l'on a condamné dix ans plus tôt.

Pleine lune, ce soir. Il faisait clair et la neige avait
des reflets de cuivre poli dans le jardin. Au loin, le
Prorel semblait un immense catafalque d'argent.
Bien au delà, le ciel était si profondément bleu de
Prusse qu'on l'eût dit noir, comme certains saphirs
d'autrefois...

28 Janvier.

On dit s'atteler au travail; c'est très juste. Chaque
fois que je m'y mets, j'ai malgré moi la même

impression de rentrer dans les brancards d'un véhicule que, bon gré mal gré, il me faut traîner.

La mise en route est toujours pénible. Ça ne démarre pas. L'effort à fournir me semble considérable... Mais quand le véhicule roule, ma foi, ça va cahin-caha, et même, de temps à autre, la route descend... alors, ça gaze.

*
* *

Les temps sont-ils proches, ô mon Dieu?

Cet échelon, que je descends après tant d'autres, serait-il le dernier?

Mais pourquoi cette question vaine? d'autant plus vaine qu'elle ne peut apporter avec elle que l'angoisse.

Pour moi, Seigneur, j'attends...

Il m'appartient seulement de rester digne et prêt, jusqu'au bout. C'est le but auquel je tends de toutes mes forces que je veux acharnées.

J'attends, Seigneur, en vous désirant toujours plus ardemment.

Cependant, c'est Vous qui sondez les cœurs. Alors comment subsisterais-je devant vous?

Seigneur, Juge infiniment juste, fort et patient, qui connaissez la fragilité et la corruption de l'homme, soyez ma force et toute ma confiance, ma conscience ne me suffit pas.

Pardonnez-moi dans votre bonté et donnez-moi plus abondamment « la grâce qui apprend à souffrir »[1].

1. *Imitation.*

29 Janvier.

Temps triste, vaguement brumeux. Neige fondue et sale.

*
* *

S'il y a des âmes de choix, comment cette prédestination se manifesterait-elle autrement que par la souffrance?

N'est-ce pas elle que le Père a envoyée avant toutes choses à son Fils bien-aimé? Et saint Paul n'a-t-il pas écrit : « Ceux qu'il a distingués d'avance, il les a prédestinés pour devenir conformes à l'image de son Fils. »

30 Janvier.

Long article de G. Goyau, dans la *Revue des Deux-Mondes*, sur l'année jubilaire et les tendances de concentration du monde chrétien.

Le plus intéressant est la comparaison entre ce jubilé et le précédent, proclamé par Léon XII en 1824. Combien la Papauté d'il y a cent ans, encore encombrée de son pouvoir temporel et obligée de manœuvrer pour éviter des démêlés politiques avec les puissances, semble éloignée de son rayonnement actuel si purement spirituel!

Quant à l'accueil fait au Jubilé par la France très chrétienne des Bourbons, il est stupéfiant!

Mᵍʳ de Quélen, archevêque de Paris, se cachant presque pour aller à Rome.

« Le sacre (de Charles X) évidemment prévalait sur les pompes romaines dans l'exacte mesure où le trône, à la veille de s'effondrer, dominait encore l'autel[1]. »

31 Janvier.

O Christ, je Vous implore !

Toute activité, toute agitation, toute entreprise, toute dépense, tout effort, tout éclat humain ne sont rien si nous ne sommes unis à Vous par la grâce. Vous l'avez proclamé solennellement lorsque, après la Cène, entouré de vos disciples émus, Vous gravissiez les premières pentes du Mont des Oliviers.

« Vous voyez ces vignes, leur disiez-vous, eh bien ! la vraie vigne, c'est moi. Vous, vous êtes les branches ; celui qui demeure en moi et moi en lui, celui-là porte beaucoup de fruits, parce que sans moi, vous ne pouvez rien faire. De même que le sarment ne peut porter de fruits s'il ne reste uni au tronc, de même en est-il de vous, si vous ne demeurez unis à moi par la grâce[2]. »

Je vous implore, ô Christ, pour qu'aucune force, quelle qu'elle soit, ou violente ou sournoise, et d'où qu'elle souffle, du dedans comme de l'extérieur, ne puisse jamais arracher ma branche du tronc. Je Vous implore pour que jamais cette Sève qui monte du tronc vers les branches, n'ait de cesse, puisque c'est par elle que la branche se fortifie et ne fait d'autant plus qu'un avec le tronc.

O Christ ! Ne me ménagez pas votre grâce qui illumine, qui fortifie et qui, par-dessus tout, embrase nos tiédeurs, afin que, transfiguré par elle, je puisse dire aussi avec l'apôtre :

Vivo ego. Iam non ego. Vivit vero in me Christus[3].

1. G. Goyau.
2. Abbé Fouard : *Vie de N. S. J. C.*
8. Ép. saint Paul aux Galates, II, 20.

1er Février.

Je sais des terres riches dans de fertiles vallées sur lesquelles poussent à foison, parsemées dans l'herbe drue, les fleurs les plus variées. En diverses saisons elles sont si nombreuses qu'à peine prend-on garde à leur éclat.

De ce fait on les nomme assez injustement des fleurs communes.

Au contraire, quand on s'élève vers les sommets, en montagne, on rencontre des terres rares étroitement enserrées au creux des rocs, elles sont pauvres, ravinées et caillouteuses. Celles-là connaissent la longue étreinte des neiges glacées. C'est à peine quand le soleil vient tardivement les visiter si leur maigre humus donne naissance à quelque verdure bientôt desséchée.

Cependant, miracle exceptionnel, c'est sur ces terres-là que fleurit, un jour unique de printemps, le grand lys des Alpes, au parfum capiteux, et l'ancolie royale, aussi somptueuse qu'une orchidée, et l'edelweiss feutré qui voisine avec les glaciers.

Je suis de ces terres arides qui ne portent que brindilles, mais j'attends, plein d'espoir. Peut-être verrais-je éclore la fleur rare et merveilleuse!

*
* *

Une section du 159e Régiment alpin est passée tout à l'heure, en chantant, pendant que j'écrivais.

Pourquoi suis-je si nostalgique à présent? Ce n'était qu'une chanson de route pour rythmer le pas, les paroles qui se sont enflées un instant sous ma fenêtre ne manquaient pas de grossièreté.

Nostalgique... il n'y a vraiment pas de quoi! Et pourtant ces voix jeunes... c'était si allègre.....

2 Février.

Quarante-huit heures de pluie, sans arrêt : c'est pire qu'en Normandie!

*
* *

« Heureux l'homme, ô mon Dieu, qui, à cause de Vous, bannit de son cœur toutes les créatures, qui fait violence à la nature et crucifie, par la ferveur de l'esprit les convoitises de la chair afin de Vous offrir, du fond d'une conscience où règne la paix, une prière pure[1]. »

Mais comment, Seigneur, atteindrais-je de pareils sommets, si je ne dois compter que sur mes propres forces?

Ce sont là cimes humainement intangibles; et piolets et crampons ne sont que moyens de pygmées, qu'infimes et risibles jouets.

Aussi c'est vers Vous que je me tourne, c'est Vous que j'implore, c'est de Vous seul que j'attends aide et secours; car si Vous êtes le but, tellement élevé, Vous êtes aussi le moyen pour y parvenir.

Afin de ne pas lasser nos chétifs efforts, Vous vous êtes fait notre guide et notre viatique, de telle sorte qu'avec votre appui, il n'est plus de sommets inaccessibles.

O Seigneur Jésus, ma foi et ma confiance en Vous, sont absolues.

1. *Imitation*, liv. III, chap. XLVIII.

9

***

Lettre à Madame B...

Je pourrais vous répondre qu'à chacun de mes très rares amis je livre, à ma guise, la part de moi-même qui me plaît. Ne suis-je pas libre en cette matière? Qui oserait m'empêcher de procéder ainsi?

En réalité, il n'en est rien.

Je ne suis pas du tout l'arbitre de ce que je donne, bien au contraire, je suis l'esclave de ceux à qui je donne. Ce que je leur montre de moi-même n'est que la face la plus en rapport avec leur propre personnalité, l'aspect sous lequel ils sont le plus à même de me saisir, de me comprendre, de me pénétrer un peu autant qu'il est possible entre humains.

Croyez que si j'avais présentement pour me tenir compagnie un chat et un perroquet, comme une vieille fille, je n'hésiterais pas à offrir au premier un bout de mon beefsteack, à l'autre des noix et des amandes de mon dessert.

Jamais il ne me viendrait à l'idée de faire l'inverse, ce qui serait absurde.

Vous voyez bien que réellement ce n'est pas mon goût, mais le leur, qui prime en l'occurence.

Leur goût... et leur appétit aussi.

3 Février.

On ne doit pousser très avant dans l'intimité que si l'on est assuré d'un ensemble de concordances fondamentales... et c'est rare.

Il n'y a pas d'habileté qui vaille quand on navigue dans certains parages dangereux et inconnus : la sagesse exige, pour éviter les catastrophes, que l'on sonde les fonds.

Encore le navire qui suit une route est-il obligé de franchir les passes mauvaises tandis qu'il ne tient qu'à nous de garder prudemment la haute mer des généralités.

4 Février.

Je sens que les réservoirs s'épuisent. Rien de plus simple, il suffit de les remplir à nouveau.

Puisque ton terrain n'a pas de sources naturelles d'où l'eau ruisselle en clairs filets pour l'irriguer, la moindre des choses, la première précaution, c'est de te constituer des réserves. Voici des ouvrages, riche source. A toi de capter la précieuse substance et, par des canalisations appropriées, de la faire affluer à tes réservoirs.

Il faut faire le plein. Sans traîner, sans faiblesse. C'est quand les réservoirs se vident que, plante assoiffée, ton esprit s'alanguit et que la chair, au contraire, murmure, comme les mauvais serviteurs, au temps de la disette. Pour le moment elle gronde sourdement, incitée à la rebellion, par l'éternel serpent. Bientôt elle profitera du moindre avantage pour progresser.

Il faut la châtier sans ménagement.

Fais-le avec énergie et avec simplicité. Il n'y a plus à se lamenter. C'est ainsi et ce ne peut être qu'ainsi parce que « cette vie fragile n'est qu'une tentation et une guerre perpétuelle[1]. »

Et vous, Vierge immaculée, vous à qui il a été donné d'écraser sous votre talon la tête de Lucifer-

_____

1. *Imitation.*

serpent, aidez-moi dans cette lutte quotidienne et intercédez pour moi auprès de votre divin Fils, d'où découlent toute force et toute vertu.

7 Février (Dimanche de la Sexagésime).

Lecture de la 2ᵉ Épître de l'apôtre saint Paul aux Corinthiens :

« L'aiguillon de ma chair m'a été donné comme un ange de Satan pour me souffleter; c'est pourquoi j'ai prié trois fois le Seigneur de l'éloigner de moi. Et il m'a répondu : ma grâce te suffit, car la force se perfectionne dans la faiblesse. »

Il y a des jours, Seigneur, où ce n'est pas un ange de Satan qui me soufflette, mais cent démons qui me harcèlent. Je sens la tentation multiple qui m'environne de toutes parts et mon imagination et mes sens sont envahis.

Ces jours-là, je me débats comme le nageur entraîné au large : mais je ne suis pas un athlète et je ne sais, quand paraîtra le rivage où me reposer.

Seigneur, Seigneur! Si vous n'envoyez à temps votre barque pour me secourir, je coulerai à pic.

Seigneur! Ayez pitié de ma détresse. Que votre grâce miraculeusement me soutienne!

Seigneur! Faites que ma force croisse puisque je me sens si faible!

8 Février.

Lever de soleil éclatant.

La lumière est un hymne : la prière du monde à son Créateur.

Après les jours gris et maussades, c'est un enchantement nouveau, une joie neuve qui éclate et déborde.

De même pour l'âme humaine, cet autre monde, quand après l'orage des passions elle retrouve la sérénité de l'amour divin.

La continuité lasse en tout. Il faut des coups de bourrasques et des ciels tourmentés pour qu'ensuite nous goûtions intimement, dans toute sa suavité, l'essor renouvelé de l'amour.

9 Février.

« Ma grâce est d'un grand prix et ne souffre pas le mélange de choses étrangères[1]. »

Que de mauvaises herbes encore à arracher dans mon champ!

11 Février.

Qui donc a écrit :

« Si les grandes conquêtes intellectuelles se font en y pensant toujours, les conquêtes sur la sensualité se font en n'y pensant jamais? »

Rude vérité!

13 Février.

Nos intelligences sont des vases que le Seigneur a façonnés de matières fines et malléables.

Tout ce que nous déposons dans ces vases s'y incruste et peut, jusqu'à un certain point, en modifier la structure.

Chaque fois que tombe quelque chose en eux, ils vibrent et rendent un son.

A nous d'entretenir le vase avec soin, à nous de n'y verser que substances choisies afin que le son

1. *Imitation.*

qui s'en dégage soit toujours très pur et très intense et que, se répercutant dans d'autres vases, il se prolonge et s'amplifie en un merveilleux écho.

A ce propos, voici que me revient cette parole d'un ancien :

« Le sublime est le son que rend une grande âme. »

13 Février.

Soleil splendide.

Après déjeuner, je fais les cent pas dehors.

Je me sens de plus en plus familiarisé maintenant avec cet ensemble de neiges éclatantes. Dans les débuts, il y a toujours une incertitude. Mais non décidément rien ne change au dehors. Tout est net et précis; les lignes que dessinent les montagnes sont tourmentées et souvent chaotiques, mais jamais indécises. Tout est resplendissant, les yeux cherchent en vain où se reposer. C'est l'immobile féerie de la lumière qui éblouit sans charmer.

Il y a certains paysages, comme ceux de mon cher plateau de Caux, qui paraissent, quand on les aborde, imprégnés de tristesse monotone. A vrai dire, la plaine est vide, immense, à peine ondulée, sans repères que ces éternels rectangles de hêtraies, qui abritent les fermes du vent brutal de l'ouest; l'horizon flou semble se perdre à l'infini. Et le ciel règne par là-dessus, plein du vent de la mer, comme seuls ont su le voir, le comprendre et le peindre, quelques maîtres flamands ou hollandais.

Mais un nuage et une ombre qui courent, un pâle rayon de soleil qui esquisse un sourire à demi-voilé, sont des nuances infiniment subtiles et changeantes qui animent cette nostalgie.

On pense à une physionomie sans grande beauté,
pourtant ne manquant pas de grandeur, sur laquelle
se reflètent successivement mille états d'âme qui
lui donnent une expression mobile, fine, douce,
intelligente, de sorte qu'il s'en dégage un charme
captivant qui vous envahit et vous pénètre intimement.

A l'inverse, ici, la réalité s'impose brutalement.
Certes, c'est un décor grandiose dans lequel la
lumière ruisselle au maximum de son intensité,
réfléchie de toutes parts. C'est magnifique, mais
violent, dur, fixe et insensible.

Les diamants de même sont des joyaux toujours
étincelants, et froids malgré leurs feux. J'aime
mieux l'éclat plus tamisé des perles qui ont plus
d'éclat que de charme...

*
* *

« Misérables, paresseux, puants, ingrats et mauvais vauriens que nous sommes[1]. »

O Christ qui avez été cloué nu sur une Croix et
qui avez souffert dans vos membres comme dans
votre cœur humilié plus qu'aucun homme jamais
ne pourra souffrir ; Vous qui, cependant, étiez Dieu
et qui nous avez aimés jusqu'à ce point, pour nous
accumuler d'inépuisables trésors de pardon, quelle
confusion pour moi et comment répondre à tant de
magnanimité, alors que je suis si faible et que, sans
votre grâce, je ne puis rien ?

Il n'y a, malgré son abjection que le don total de
mon être pour vous marquer ma gratitude et mon
néant.

---

1. Saint François d'Assise.

S'il se trouve en lui quelques faibles germes capables de Vous rendre cet hommage agréable, c'est Vous qui les y avez fait naître et tout honneur, toute louange, toute gloire Vous en reviennent.

Aussi, voyez si mon intention est droite et rectifiez-la comme il Vous plaira.

O Christ, Vous seul pouvez soutenir mon désir d'élévation. Vous seul pouvez le guider vers Vous.

Et si je vous offre mon cœur avec son amour, Vous seul pouvez l'embraser jusqu'à consumer toute attache charnelle qui ne soit pas Vous.

14 Février (Quinquagésime).

« Quand j'aurais le don de prophétie, quand je pénétrerais tous les mystères, quand je posséderais toute la science, quand j'aurais toute la foi jusqu'à déplacer des montagnes, *si je n'ai pas la Charité, je ne suis rien.*[1] »

Essentielle vérité !

Mon Dieu, donnez-moi l'amour.

Inculquez-moi le besoin d'aimer et apprenez-moi vraiment à aimer afin que je sache comment Vous aimer.

15 Février.

Dans ses cahiers, Sainte-Beuve attribue ce joli mot à une femme :

« Il vient un moment triste dans la vie, c'est lorsqu'on sent qu'on est arrivé à tout ce qu'on pouvait espérer. »

Combien c'est juste du point de vue purement humain !

---

1. Saint Paul aux Corinthiens, XIII, 2.

Qui n'est passé ou ne passera par là. Voilà bien le terminus de la première partie... de la montée.

Mais la vie ne s'arrête pas à volonté. Il s'agit de redescendre et de savoir trouver un objet à son espérance. Car peut-on vivre sans espérance?

Aussi comme j'aime mieux, dans sa concision, avec toute l'amplitude d'interprétation qu'elle permet, cette autre pensée des cahiers :

« Aiguiser la vie par le sentiment de la mort.... »

17 Février.

Mercredi des cendres. *Memento, homo.....*

Comment pourrais-je l'oublier, ô mon Dieu! Loin d'être un objet d'horreur, je veux, au contraire, que cette pensée soit en moi, comme un chant d'amour.

Cette poussière à laquelle je dois aboutir, n'est-ce pas elle qui me réunira à Vous? Saint François d'Assise disait que « sa sœur la cendre était chaste » et il la mêlait à ses aliments dans un geste sublime de pénitence.

Mais plus encore, cette cendre est l'origine de toute vie, alors comment pourrait-on ne pas l'aimer?

Donnez-moi, ô mon Dieu, non seulement de la recevoir sur le front, d'où le moindre vent l'emporte, mais de la porter dans mon cœur et de l'y garder précieusement afin qu'elle le purifie et le détache de tout ce qui n'est pas Vous...

18 Février.

Hier soir, visite du jeune vicaire, mon directeur ici.

Mon carême doit être spirituel : toujours plus de

détachement, plus d'élévation. *Excelsior;* une union plus intime avec Dieu.

« Ce ne sont pas vos vêtements qu'il faut déchirer, mais vos cœurs[1]. »

Oui, déchirer son cœur!

Les cendres d'hier dans mon cœur! Chaque jour de carême, les cendres dans mon cœur.

*
* *

Quoi qu'on pense ou qu'on dise, ou qu'on fasse, tout ce qui est humain se réduit à l'une ou l'autre de ces deux alternatives, en dehors, il n'y a que déguisements superflus et vains :

Ou bien la mort n'est rien, ou elle est tout.

Si elle n'est rien, c'est la vie qui est tout; si elle est tout, c'est la vie qui n'est rien.

Simplicité, logique.

Mais si j'ai tranché maintenant le dilemme et procédé à un renversement des valeurs antérieurement admises, reste à en tirer les conséquences, à les mettre en œuvre.

Le principe est irrémédiablement fixé, je veux pousser jusqu'à l'extrême son application.

N'ai-je pas toujours été excessif?

Toute la question est là.

19 Février.

Il a dû neiger toute la nuit.

Tout est reblanchi à neuf. Mais le fond de l'air a déjà perdu cette rudesse glacée du cœur de l'hiver; imperceptiblement il s'amollit. De ma chambre, je sens que cette neige est gonflée d'eau.

---

1. Prophète Joël, ii, 13.

Le ciel est pâle, le soleil flou; de lourds paquets dégringolent du toit en cascades. Les arbres s'égouttent. A midi, ce sera le plein gâchis.

Ah! le bel hiver s'en est allé; je ne reverrai plus ses neiges poussiéreuses. Et combien de jours incertains nous séparent encore du vrai printemps.

*
* *

Le plus souvent au hasard, parfois d'un rien, une image naît, me séduit et me fascine. J'ai peu de défense contre son charme et facilement je me laisse conquérir et entraîner.

Est-ce une méthode, ou n'est-ce que faiblesse, désordre?

Verrai-je jamais de la sorte éclore quelque rapport nouveau susceptible d'approfondir cette connaissance si superficielle que nous avons des choses?

Mais tant que nous ne possédons que nos yeux pour voir et nos cervelles pour comprendre, instruments merveilleux mais de chair, comment prétendre aborder l'idée pure?

Celle-ci demeure au delà de notre portée, inaccessible. Alors l'image est peut-être un acheminement vers l'Idée, la pointe la plus avancée que l'homme puisse tenter hors de son monde.

Peut-être... D'ailleurs, le grand apôtre n'écrivait-il pas déjà aux gentils :

« A présent nous voyons toutes choses comme dans un miroir, en énigme... Car notre science actuelle n'est que partielle. Mais quand viendra ce qui est parfait, ce qui est partiel sera aboli et alors nous verrons face à face[1]. »

---

1. Saint Paul, aux Corinthiens, 1re Ép., XIII, 12.

20 Février.

Se déciderait-on enfin à faire quelque chose d'effectif en France pour les tuberculeux? Si ce n'est pas, ô honte, scandale et danger surtout, effroyable danger, de vouloir les ignorer.

Dire que nos admirables Alpes nous offrent, avec leur magnificence, les plus inépuisables réservoirs d'air pur le plus vivifiant, mais que, faute d'organisation, tout cela est perdu, inemployé!

Il est vrai que la moindre entreprise en montagne sera grosse de dépenses et que, financièrement, les temps sont on ne peut moins propices. En attendant, il meurt chez nous, entre quinze et trente-cinq ans, près de cent cinquante mille êtres par an rien que par les facéties inentravées de ce microbe ravageur!

En sauverait-on un tiers, un quart même, et on le pourrait en s'y prenant à temps pour chaque cas, le capital récupéré en vies humaines ne serait pas négligeable, surtout en regard de notre dépopulation.

Cette considération, à elle seule, ne devrait-elle pas fixer toute l'attention des pouvoirs publics?

Mais c'est encore l'initiative privée qui prend les devants : si Passy, au-dessus de Sallanches — cadre unique où l'on a la large vallée de l'Arve à ses pieds, fermée au lointain Sud-Est par la chaîne du Mont-Blanc — si Passy arrive à s'organiser, ce sera bien grâce à elle.

Où sont les temps où Rome, Rome pourtant décadente, décrétait que les enfants pauvres seraient adoptés par l'État? Loi que Constantin prescrivit de graver sur le marbre afin qu'elle fût éternelle.....

***

« Qui es-tu, mon cher Seigneur et Dieu, et qui suis-je? le plus humble des vers de terre entre tes serviteurs. Mon très cher Seigneur, combien je voudrais t'aimer! Mon Seigneur et mon Dieu, je te donne mon cœur et mon corps; mais avec quelle joie je voudrais faire davantage, par amour pour toi, si je savais comment! »

Ainsi priait François d'Assise quand il se retirait, solitaire, dans les grottes de la montagne, dans ses « Carceri ».

21 Février.

Le véritable malheur des hommes est de ne savoir déployer dans les voies spirituelles qu'un effort infime, quand il n'est pas nul, en comparaison de cette ardeur qu'ils dépensent, sans compter, pour atteindre à la gloire ou à la fortune, aux honneurs ou aux plaisirs de ce monde.

Et pourtant,

Qu'est-ce que tout cela qui n'est pas éternel?[1]

Qu'est-ce que cela, toujours à la merci du moindre imprévu, comme si ce n'était pas au moment où l'on croit y porter la main que ces biens temporels s'évanouissent? Et même quand on les étreint, quel insensé oserait répondre de leur lendemain?

Qu'est-ce que cela, tant convoité, qui ne laisse à la bouche qu'un goût d'amertume? Il ne s'est jamais vu que la réalité ait pu combler l'insatiable désir d'une âme délicate.

O Seigneur, trop souvent au cours de ma vie

---

1. Leconte de Lisle.

cependant méditative et retirée, me prennent encore des fringales passagères pour des choses vaines et décevantes.

Donnez-moi de rompre ces attaches frivoles et de reporter vers Vous l'activité totale et absolue dont je suis capable.

« Tout ce qui semble devoir nous procurer la paix et le bonheur n'est rien sans Vous et réellement ne sert de rien pour nous rendre heureux. Vous êtes donc le principe et le terme de tous les biens, la plénitude de la vie, la source inépuisable de toute lumière et de toute parole; et la plus grande consolation de vos serviteurs est d'espérer uniquement en Vous[1]. »

23 Février.

J'écrivais dans une lettre :

Plus les jours sont uniformes et vides extérieurement, plus le temps s'écoule rapidement.

Observation toute personnelle. J'en conclus que, dans la contemplation pure, telle que la pratiquent certains monastères, cette notion du temps doit être abolie.

Chaque jour, je pourrais écrire : Emploi du temps, comme hier.

Ce qui diffère c'est l'activité spirituelle; le programme moral doit constamment accuser un avancement, un perfectionnement. C'est une lutte pied à pied, une progression par infiltration lente, continue, mais sûre.

A propos d'un incident infime, hier soir, trop d'orgueil encore, beaucoup trop d'orgueil.

---

1. *Imitation.*

N'oublie jamais ce que vaut « une seule once de cette vraie et sainte humilité »[1].

Il faut t'arracher de toi-même, non pas extérieurement, en phrases et sur le papier, mauvais miroir, mais bien en chair et en os, dans la réalité quotidienne et jusqu'au plus intime de tes pensées, non pas en surface, mais jusqu'à la racine.

La vie n'est qu'un combat perpétuel, c'est entendu. Eh bien, fais que l'esprit à chaque reprise mette l'orgueil et la chair knock-out. A chaque nouveau round tu verras les tendances mauvaises plus affaiblies et tu pourras d'autant plus facilement les vaincre.

Cela s'impose naturellement. Il en résultera ceci, par surcroît, qui est beaucoup plus merveilleux : à savoir que la grâce surnaturelle, elle-même, enjeu et récompense de ce combat, viendra décupler et centupler les forces de l'esprit.

Le bénéfice de ta victoire sera double — non pas double, infini...

23 Février.

Maintenant, si je lis certains articles, je ne les comprends plus

Si je lis, au contraire, la vie de saint François, je voudrais le faire à genoux.

*
* *

Sortie habituelle.

Ciel aux deux extrêmes de cobalt et d'outremer, admirablement fondus. Soleil comme une boule étincelante pendue à son arcade déjà surélevée.

---

1. Saint François de Sales.

Au loin, les montagnes, toujours neigeuses, prolongent la féerie du décor. Plus près, la terre reparaît par plaques, détrempée, noire, hirsute, repoussante.

Les premiers plans n'y sont plus.

Résorbées aussi les pistes de glace.

Les traîneaux rustiques, mais légers, avec leur seul bruit de grelots font place aux charrettes et aux lourds chariots cahotants et grinçants.

C'est comme un retour à la réalité après un beau rêve.

26 Février.

Mon Père arrive aujourd'hui. Semaine des grandes décisions.

Votre volonté, mon Dieu, et non la mienne.

28 Février.

En principe, tout est réglé : je resterai seul deux mois dans une pension, en attendant mai.

L'opération s'est faite sans douleurs, sans cris, dans le plus grand calme.

1er Mars.

Soleil! Radieux soleil! Glorieux soleil! Aveuglant soleil!

4 Mars.

Papa reparti à midi. Ma mère le suivra dans quinze jours et je resterai seul, seul.....

Qu'importe. Aujourd'hui profitons du soleil qui nous inonde avec magnificence!

Demain..... Dieu y pourvoira.

Et puis deux mois encore : puis mai me permettra de rentrer en Normandie. Mon cher Harcanville où je voudrais me cloîtrer et mourir!

En attendant, j'ai rarement connu d'aussi bonne passe que celle que je traverse depuis bientôt une quinzaine. Cela ne veut rien dire : une passe, ce n'est qu'un répit.

Eh bien, profitons-en aussi. Profitons de ce calme accordé, pour creuser l'esprit et l'alimenter richement afin qu'il fructifie.

> Aujourd'hui, je sème,
> Demain, Dieu récoltera.

****

Vous avez promis, Seigneur, de ne pas éteindre la lampe qui fume et de ne pas briser le roseau qui penche.

Qu'est-ce pour Vous, le Tout-Puissant?

La tige penchée, seule, ne saurait se redresser et la mèche qui fume ne tardera pas à s'éteindre d'elle-même.

Cependant, si Vous remettiez de l'huile dans la lampe, elle brillerait d'un éclat nouveau et Vous le pouvez, Seigneur, Vous seul le pouvez.....

5 Mars.

Lu ce jour :

« Ce qui est bon en nous, n'est pas de nous.

« Les mulets cessent-ils d'être lourdes et puantes bêtes pour être chargés des meubles précieux et parfumés du prince? Qu'avons-nous de bon que nous

n'ayons reçu, pourquoi nous en voulons-nous enor-
gueillir?[1] »

Oui, lourdes et puantes bêtes sommes et reste-
rons. Mais ce qui importe, non pas bêtes en liberté,
galvaudant, mais bêtes asservies, contenues et dis-
ciplinées par la volonté de l'esprit sous l'action de
la grâce.

Plaise alors au prince de les charger et surcharger
de ses meubles les plus précieux et les plus parfumés.

6 Mars.

Le matin, dès que j'ouvre un œil, comme d'instinct, je jette un regard sur ma montagne, dans
l'encadrement de ma fenêtre ouverte. Si je vois
de longues touches étincelantes accuser les plans
familiers, alors imperceptiblement une joie naît
en moi.

Je peux refermer l'œil, car la nuit pèse encore
lourdement dans ma tête; désormais une sensation
vague, très douce a pénétré ma torpeur. Notion à
peine avouée que, tout à l'heure, « notre frère le
soleil » viendra nous visiter. Dans mon âme à
demi-consciente, dans mon âme qui vibre comme
un orgue, ce n'est pas encore un chant qui s'élève,
mais un premier frémissement, quelques arpèges
essayés qui suspendent l'attente... l'attente de la
lumière. Je sais quels claviers seront joués aujour-
d'hui : tous ceux de l'allégresse.

Mais voilà que, débordant l'arète d'une croupe,
le soleil filtre jusqu'à ma fenêtre son premier rayon
dans le flou d'un poudroiement d'or.

1. Saint François de Sales.

A l'instant, les glaces nocturnes fondent en moi.

C'est plus que de la poésie, plus qu'un enchantement, plus qu'une extase..... Seul, le Poverello l'a compris et magnifiquement traduit dans son hymne, c'est l'adoration qui jaillit :

« Très haut, très puissant et très doux Seigneur, à toi sont les louanges, la Gloire, l'honneur et toute bénédiction !

« Loué sois-tu, Seigneur, avec toutes tes créatures et tout particulièrement notre frère le soleil qui nous donne le jour et par qui tu nous éclaires... »

                                        7 Mars.

Vent, Soleil, Pluie.
Presque le même temps que chez nous.

                                        8 Mars.

Quelques crises. Dans l'apaisement relatif qui m'est donné momentanément ce ne sont que des accrocs passagers, des signes avant-coureurs.

Je connais deux états physiques. L'un et l'autre sont déclins, il n'y a pas à s'y méprendre. Ma vie corporelle, comme l'eau, cherche toujours la plus grande pente. Suivant les temps et les lieux, seule l'allure varie. L'une est, je dirais normale, c'est le fleuve qui s'écoule paisible vers la mer entre des rives sereines. L'autre, au contraire, est furibonde, c'est le torrent qui se précipite et cascade de roc en roc, arrachant tout.

La Seine et le Rhône, à peu près.

Quel que soit mon état aujourd'hui, j'aime mieux

ne pas l'évoquer, car je n'y puis rien et le lendemain m'effraie..... Je suis lâche, au fond.

Intellectuellement, je connais aussi deux rythmes : le ralenti dans lequel ma paresse ne tarde pas à s'enliser; l'intense où je bouscule cette paresse innée de l'esprit.

Il est bien évident qu'il ne tient qu'à moi, dans cette sphère, de vivre avec l'une ou l'autre cadence et que je devrais toujours adopter la plus profitable. Hélas! je suis lâche encore; la plupart du temps je n'en fais rien.

Ainsi donc, matériellement, là où je suis impuissant, je me lamente si je n'ai pas ce que je crois être le meilleur; spirituellement, là où je peux quelque chose, j'hésite à fournir l'effort pour atteindre ce que je sais être le meilleur.

Contradiction et faiblesse de l'homme livré à lui-même !

Il n'est de secours, d'appui, de force, qu'en Vous, ô mon Dieu.

9 Mars.

Coups de vent au dehors : la Lombarde souffle par les cols.

Tempête à l'intérieur : l'imagination ravage l'âme mal close.

Ma pensée, comme un cerf-volant, monte tout droit, se cabre, pique à mort, décrit une grande courbe, se redresse et, peu à peu, reprend une position stable.

Enfin ce soir, j'arrive à calfeutrer toutes les portes. Qu'il fait calme maintenant en moi! Combien suave me paraît votre amour, ô Maître très doux et très complet.

Une feuille de papier blanc, une plume, le désir d'évoquer des idées, en voilà assez pour que notre tête instantanément se vide... tellement bizarres et fantasques sont nos esprits.

Nos esprits, décidément biscornus, connaissent le mal d'enfantement par passes, sans causes, sans retour, au moment le moins propice à cet effet.

A-t-on jamais vu des génies créateurs manger, boire, dormir, vaquer au train commun de leurs occupations, à heure fixe?

Combien Balzac doit-il à son café noir?

Nos pensées naissent informes, ténues, flottantes dans l'atmosphère où nous vivons. Elles ne sont, pour ainsi dire rien, d'autant qu'essentiellement éphémères, elles meurent le plus souvent à peine écloses.

Le tout est de savoir s'emparer de ce rien, au moment opportun, pour lui conserver la vie.

Alors, de s'en pénétrer, de le développer et le compléter, et surtout de lui donner une forme précise, solide et caractéristique; ne nous contentons point de parer luxueusement, en les habillant de mots rares, des banalités.

Existe-t-il des différences spécifiques dans le fondement de nos natures humaines? Je ne le crois pas, bien qu'il y ait apparemment autant de façons de penser et de sentir que d'individus.

Ainsi des visages : chacun s'orne d'un nez, d'une

bouche et d'une paire d'yeux, très semblables dans leur structure, cependant il faudrait parcourir le monde entier — et encore? — avant de rencontrer deux expressions identiques.

Les vrais anormaux sont aussi rares que les infirmes; s'il y a des infirmes nés, la proportion est plus forte de ceux qui le sont devenus par suite d'accidents.

Il suffit donc de regarder assez profondément en soi pour y trouver « toutes les lois de l'humaine condition[1] ».

*
* *

J'ai griffonné beaucoup cette nuit.

Voici le ciel qui pâlit derrière ma montagne. Un premier cri d'oiseau vrille l'air glacé. Et rapide, lointain, clair cependant, me parvient le « Réveil » du quartier Berwick que sonne le trompette de garde!

Souvenirs d'autrefois... Non, maintenant laissez-moi reposer.

11 Mars.

J'ai beaucoup d'idées éparses à rassembler, d'études à peine ébauchées, d'esquisses en trois coups de crayon. Il y en a qu'il faut étendre, d'autres condenser, pas mal ne donneront rien...

Avec le temps, je procède comme les peintres, par touches, mais ce n'est pas le tableau que je cherche, seulement la pochade vigoureusement enlevée et souvent plus significative.

---

1. Montaigne.

14 Mars.

La force de notre amour, c'est l'intensité de notre élan vers Dieu.

Mais trop souvent, combien court est cet élan, combien incertain l'amour!

16 Mars.

Je viens d'aller visiter la "vachère" où je dois m'installer lundi prochain.

C'est une vieille grande maison Louis XV, dans le genre des constructions rustiques de ce pays, dont on achève la transformation en petit sanatorium.

La chose est d'ailleurs faite avec goût.

Intérieurement, tout est neuf, simple et confortable; quelques peintures murales, alertes et gaies, ornent la salle à manger vitrée. J'aurai là une vraie cellule, s'ouvrant au Sud-Est, sur un magnifique horizon de montagnes.

Cette "vachère" est située au moins à deux kilomètres de Briançon, dans la direction de Grenoble. On quitte la grand'route du Lautaret pour prendre un chemin privé; par un grand lacet, celui-ci vous conduit à la maison qui domine la route, d'une centaine de mètres. Le plus merveilleux est précisément cet isolement dans les sapins, à mi-pente. C'était une ancienne propriété : on le sent à l'avenue qui y donne accès, aux terrasses amènagées en jardins, remplis d'arbres fruitiers, où j'ai vu, aujourd'hui 16 mars, à 1.400 mètres d'altitude, des abricotiers tout en fleurs!

Voilà, tel qu'il se présente, mon nouvel ermitage : avec le radieux soleil, il ne manque pas d'attrait.

Que m'apportera-t-il? Dieu seul le sait.....

17 Mars.

Premiers préparatifs de déménagement : courses, provisions diverses. Une fois là haut, il ne faudra plus que je compte redescendre souvent à Briançon.

Véritablement, je me figure sortir du monde pour une sérieuse retraite : c'est une sorte de cloître laïque, parfaitement approprié à ma situation. Puisse-t-il être pour moi l'occasion d'un nouvel acheminement vers Dieu, je ne lui demande rien de plus; encore ferait-il ma plus grande joie.

*
* *

Les maux de tête me poursuivent. Chaque matin, je sens mon crâne pris comme dans un étau, le soir cela s'alourdit encore.

Tout passe..... Cette crise aussi, passera comme les autres.

19 Mars.

Saint Joseph, Vous, l'époux de la très Sainte Vierge et le père nourricier du Christ, notre Seigneur et Dieu; Vous, de ce fait, peut-être le premier des Saints et pourtant le plus effacé, le plus inconnu par vous-même, O très puissant protecteur, aidez-nous à nous remettre au chemin de l'humilité et que rien désormais, rien ne puisse nous en faire sortir!

20 Mars.

J'ai couché et vécu pendant quatre mois sous un plafond dont le motif central est une sorte de grand S. Pourquoi remarquai-je aujourd'hui pré-

cisément pour la première fois, à !a veille de m'en
aller, que, vu de mon lit, il ressemble au signe de
l'infini tel qu'on l'écrit en mathématiques?

Pourquoi ce signe?

* *
*

Plus que jamais, Seigneur, je voudrais me retirer
en moi-même afin d'y mûrir une ardente contrition et rassembler tout ce qui peut s'y trouver de
ferveur éparpillée et distraite, car le temps approche où Vous viendrez visiter ma maison pour la
grande fête annuelle.

Combien je désirerais l'orner et l'embellir, cette
très modeste demeure! Quelle ardeur ne devrait pas
être la mienne à m'exalter, afin de Vous recevoir
dignement, malgré mes pauvres moyens! Pourquoi
faut-il justement que ces jours préparatoires soient
aussi ceux d'une grande agitation extérieure qui
me dissipe?

J'ai beau vouloir fixer ma pensée, comme malgré
moi je la sens arrachée, entraînée par le tourbillon
de ces préparatifs de départ très anormaux pour
moi.

Vie terre à terre qui nous absorbe et étouffe
l'élan spirituel! Il n'est que le cloître avec son
souverain silence pour nous dégager de ces brous-
sailles et permettre à l'âme aimante son plein
épanouissement dans l'azur.

Après demain, je gagnerai mon ermitage dans
les sapins où le calme et la solitude m'inclineront
à plus de recueillement et demain, avant d'y
monter, je dois recevoir mon tout-puissant Seigneur.

Déjà demain!

Combien mon indignité m'effraie!

Combien je suis éloigné des dispositions intérieures auxquelles j'aspire cependant!

Mon seul espoir est en Vous, très bon et très aimé Seigneur; Vous seul pouvez suppléer à mon insuffisance et combler ce qui me manque.

Prenez, avec ma bonne volonté et mon esprit et mon cœur, et mon corps et ma vie que je Vous offre tout entière et, qu'en retour, je Vous emporte dans ma retraite de la montagne. Là, faites à celui qui désire et veut être votre humble serviteur, cette grâce insigne de demeurer longtemps avec lui; que le temps, loin d'affaiblir les liens qui vous unissent à lui, les resserre si étroitement qu'il ne fasse plus qu'un avec Vous.

J'ai trouvé cette admirable prière du missel, *pro petitione lacrymarum*, que j'apprendrai par cœur et dirai chaque jour, maintenant :

« Dieu tout-puissant et plein de douceur qui, en faveur du peuple altéré, fîtes jaillir du rocher une source d'eau vive, arrachez à la dureté de notre cœur des larmes de componction afin que nous puissions pleurer nos péchés et méritions d'en obtenir rémission par votre miséricorde. »

23 Mars.

Déménagé hier.

Ma mère est partie ce matin. Je suis seul!

On tape et on peint encore dans les couloirs de la vachère. J'ai fait pousser mon lit contre la fenêtre. Pendant que j'écris, j'ai sous les yeux tout le fond de la vallée en aval de Briançon. On dirait d'une flaque verdissante déjà, au milieu de laquelle émergent, enchevêtrés, les toits de Villars-Saint-Pancrace[1] et derrière, un formidable tas de sable neigeux, conique et évasé du pied : le massif des Grandes Rousses dresse sa masse imposante et harmonieuse.

Sans cesse mes yeux plongent et se noient dans cette immensité pour, finalement, s'accrocher chaque fois à un bout de ruban grisâtre et rectiligne qui coupe la plaine en diagonale au plus creux, et qui représente la voie du chemin de fer.

Je n'ai plus de courage.....

24 Mars.

Souffrance et joie sont les deux extrêmes entre lesquelles oscille notre vie.

Ne recherche pour ton âme ni les affres ni l'exultation, pôles brûlants et dangereux, mais le contentement en Dieu, toujours ample, paisible et soutenu.

25 Mars.

Annonciation.

Vierge incomparable, douce entre toutes les vierges, obtenez-nous, avec le pardon de nos fautes, la douceur et la chasteté.

Vierge de lumière, vierge d'amour, vierge mère, vierge unique. Première des Créatures qui avez porté le Créateur. Quand Jésus, votre fils adorable cesse de nous accorder ses grâces, non pas que son

---

1. Petit village à 2 kil. au S.-O. de Briançon.

Cœur Sacré puisse jamais se tarir ou se lasser, mais quand nos fautes si fréquentes et nos tiédeurs nous rejettent de son amour, source de tous les bienfaits, alors, ô notre très bonne et très tendre mère, acceptez d'être notre avocate.

Vous seule pouvez quelque chose en notre faveur. Vous, le refuge des pécheurs. C'est pourquoi nous recourons à vous avec une confiance sans bornes; car tant par les liens maternels qui vous unissent à Jésus que par ceux filiaux qui nous unissent à vous, vous êtes véritablement le trait d'union par excellence entre notre petitesse infime et l'incommensurable divinité de votre Fils.

Nous vous aimons, Vierge sainte, rien ne saurait empêcher notre amour et en vous, c'est encore Jésus que nous continuons d'aimer.

Et vous, sainte petite sœur Thérèse de l'Enfant Jésus, très pure, très aimante, vous qui nous avez laissé ici-bas, comme un sillage d'espérance, cette parole merveilleuse :

« Je veux passer mon ciel à faire du bien sur la terre. »

Maintenant que vous nous avez quittés pour rejoindre l'Époux mystique dans son éternelle splendeur, jetez un regard de bonté vers nous; comme vous l'avez promis, tendez-nous une main secourable pour nous aider à sortir de nos misères, usez de votre pouvoir auprès du divin dispensateur, pour nous obtenir de plus abondantes grâces et, de là haut, effeuillez quelques-unes de ces roses que vous avez tant aimées, sur nos pauvres cœurs tourmentés, afin qu'ils en soient amollis, embaumés, extasiés.....

Quel qu'ait été le passé, quel que soit le présent, quel que puisse être l'avenir, ô petite sœur très vénérée, ne m'abandonnez pas, aidez-moi et priez pour moi.

26 Mars.

Le recueillement est vraiment une plante très rare, aussi précieuse que délicate : la serre sans laquelle on ne saurait la cultiver, c'est la solitude, la parfaite solitude.

Je croyais bien, en venant ici, trouver le plus grand calme et pouvoir m'y enclore comme dans une inexpugnable citadelle. Or, j'y ai rencontré des gens du monde charmants, mais enfin du monde.....

Cela suffit à me dissiper!

Pour électriser ma pensée, engourdie dans ma tête pesante, je secoue cette torpeur passagère et je garde rigide le cadre des prières habituelles.

J'ai confiance, l'apaisement reviendra, la ferveur avec lui.

28 Mars.

Dimanche des Rameaux. Lecture de l'admirable passion de saint Matthieu.

Neige, pluie, comme en décembre.

De tous côtés des bruits d'eau : gouttières et fontaines me font souffrir les nerfs et la tête. Quelle misère d'en arriver là!

Le soir, conversation sérieuse avec mon voisin. Nous abordons quelques points essentiels de la religion, mais restons encore sur la réserve.

Que Dieu nous éclaire!

29 Mars, *lundi saint.*

Durant cette mémorable semaine, je vous supplie, ô mon Dieu, de m'accorder principalement deux grâces : redoubler de ferveur dans mes prières et méditer avec une sainte ardeur les mystères de votre passion.

Que le souvenir de mes fautes passées qui ont contribué à Vous clouer sur la croix, m'arrache des larmes amères de repentir et que je puise dans la contemplation de vos douleurs, avec une volonté très réelle et très ferme de crucifier ma chair pour souffrir avec Vous, une force sans pareille de recueillement pour Vous aimer.

*
* *

Tout ce qui est terrestre et matériel est limité ou se brise dans son élan vers le ciel... et la tour et le jet d'eau, et la flèche et la fusée.

Mon cœur de chair, que presse le besoin d'aimer, subirait-il aussi cette loi quand il aspire à l'amour divin ?

Mais l'âme, Seigneur, l'âme est immortelle, ce monde ne saurait la contenir. Alors qui l'arrêterait quand elle vole vers Vous, si ce n'est notre propre distraction.

30 Mars, *mardi saint.*

Déjà, Seigneur, Vous m'avez accordé des grâces innombrables et merveilleuses. En tout, je reconnais combien votre main m'a sagement guidé.

Si j'osais m'arrêter aujourd'hui pour regarder

en arrière le chemin parcouru, mon admiration et
ma gratitude devraient éclater en de surprenants
cantiques de gloire et de louanges.

Mais je le sens trop bien, je ne suis encore qu'au
seuil d'une nouvelle étape. Voici seulement que,
Vous ayant cherché, je Vous aborde et que je
découvre l'abîme de votre amour, voici seulement
que s'ouvre pour moi le temps de « courir le chemin
du grand amour[1] ».

Vous savez, Seigneur, combien ma chair est
encore frémissante et faible; Vous savez combien
je risque de me laisser distraire d'un rien, à la
moindre alerte : j'ai si peur de ne pas Vous conserver mon cœur entièrement fidèle, jusqu'au bout.
Et Vous savez, Seigneur, combien peu nombreux
sont les jours qui me restent, pour me sanctifier
ici-bas.

Aussi loin d'être ingratitude laissez-moi continuer
ma route, sans m'arrêter aujourd'hui. Comme Vous
êtes immensément riche et puissant, moi très
pauvre et méprisable, plutôt que de Vous louer
indignement, souffrez que j'implore de votre bonté
des grâces nouvelles afin qu'il me soit permis de
croître plus avant dans votre intimité.

31 Mars, mercredi saint.

Retrouvé dans mes notes ces lignes dont j'ignore
l'auteur :

« O ce bonheur qu'on peut construire avec tous
les débris de rêve, avec les réalités et les misères

---

1 Saint Benoît.

de la vie humaine à son déclin! Ce bonheur qui fait de l'existence présente, non plus un soupir dans le vide, mais un commencement d'éternité!... Heureux ceux qui savent le don de Dieu!

« Vive la mort qui nous jette dans la vie..... »

Quel sens vivant, quelle lumière éclatante tout cela n'a-t-il pas revêtu depuis...

**

***

J'ai imploré tout particulièrement votre secours pendant ce saint temps, Seigneur. Je lis, j'essaie de méditer : mais je sens comme un grand froid qui me glace le cœur, ma piété ne m'inspire rien, rien avec enthousiasme.

Pourtant, je voudrais, il me semble, brûler du zèle le plus empressé pour vous servir.

Est-ce Vous qui voulez vous retirer?

Est-ce moi qui suis trop distrait?

Mon Dieu! ne me rejettez pas dans les ténèbres extérieures, car, malgré ma faiblesse extrême, il y a encore en moi, j'en suis sûr, quelqu'élan vers Vous.

Je crois avoir le regret très sincère de mes fautes; mais si ce regret ne Vous contente pas, Vous seul pouvez m'inspirer des sentiments plus ardents. Si je ne suis pas digne de Vous approcher, ne me ménagez pas; je m'offre aujourd'hui tout à Vous et je ne crains aucune épreuve pour Vous : mon seul désir est que Vous me tourmentiez, plutôt que de m'abandonner.

1er Avril, *jeudi saint.*

Le sobre récit de la Cène par saint Paul, que suit
le terrible : « Si nous nous jugions nous-mêmes,
nous ne serions pas jugés par Dieu[1]. »

2 Avril, *vendredi saint.*

En ce jour unique de votre Passion, ô Christ
Jésus, je veux tendre tout mon être vers votre
Croix : je Vous supplie de faire pénétrer dans mon
âme une notion très exacte de l'infernale malice
du péché qui Vous y a attaché et par les richesses
incomparables de votre miséricorde, de m'en faire
prendre une si tenace et si violente horreur, que je
puisse toujours m'en écarter à l'avenir, comme du
feu.

O Christ, quand je contemple en esprit vos
humiliations, les souffrances de votre corps divin
et celles de vos saints

Votre pauvreté,	leur dénûment.
Votre obéissance,	leur renoncement.
Vos retraites,	leurs pénitences.
Votre vie,	leur vie.
Vos plaies,	leurs mortifications.
Votre mort,	leur martyre.

Un grand effroi me saisit.

Hélas! Qu'aurai-je en regard à Vous présenter
au jour dernier?

A peine une bien petite souffrance de maladie,
jusqu'à présent, même pas une douleur tenaillante
et continue, plutôt une diminution de mes facultés
physiques. Encore, c'est Vous qui me l'avez imposée,

1. Saint Paul, aux Corinthiens.

comme un rappel à l'ordre bien nécessaire! Sans mon acceptation, quel mérite lui reste-t-il?

Si telle est ma voie, faites que je souffre davantage! Que ce soit dans mon corps ou dans mon esprit, c'est avec une grande joie que j'accepte à l'avance et vous offre toute épreuve nouvelle qu'il Vous plaira de m'envoyer.

« Notre sœur, la souffrance[1] » n'est-elle pas la grande purificatrice, l'acheminement naturel vers « notre sœur, la mort naturelle[2] » qui est l'aurore de la vie?

Mais en attendant, ô mon Seigneur très aimé, puisque extérieurement je ne puis, pour ainsi dire, plus rien pour châtier mon corps, accordez-moi de compenser cette misère en gravant dans mon cœur, si profondément qu'il en saigne, d'inaltérables sentiments de componction, de patience, de foi, d'espérance, d'humilité et d'amour.....

3 Avril, samedi saint.

A l'office du matin :

« *Sicut cervus desiderat ad fontes aquarum ita desiderat anima mea ad Deum fortem vivum : quando veniam et apparebo ante faciem Dei?* »

Journée assez trouble. Don Quichotte bataillait contre des moulins à vent; moi, de même, contre des fontaines tantôt réelles, tantôt imaginaires! Pauvre cervelle, jusqu'où ne me mèneras-tu pas?

Et mon recueillement m'échappe.....

1. Ps. xli, 2.
2. Saint François d'Assise.

[*]

Passé un grand quart d'heure très réconfortant en lisant les lettres de Dom Pie de Hemptimne : « Notre rôle se réduit à peu de choses : aimer et attendre en accomplissant la volonté de Dieu. »

Mon Dieu! Vous aimer, je ne cherche, il me semble, que cela. Mais auparavant il faudrait qu'un grand calme naquît dans mon esprit, afin que Vous l'envahissiez entièrement comme l'eau recouvre une plaine égale.

Puis alors, oui, attendre.

Attendre dans l'apaisement total de votre possession.

De même que la plaine inondée ne connaît plus le tumulte des hommes, car, s'ils la traversent, c'est en barque sans laisser de traces.

Si Vous le voulez, Vous le pouvez, Seigneur, je suis cette plaine qui s'offre pour être nivelée, puis submergée par Vous.

4 Avril.

Jour de Pâques.
Alleluia! Alleluia!
Tressaillons d'allégresse!
Combien peu d'écho je trouve en moi!

6 Avril.

Lourde pluie d'orage dans la nuit.

Du coup, les bourgeons des marronniers ont éclaté; au loin, la vallée luisante après l'averse verdit à vue d'œil.

De gros nuages mastocs ont parcouru le ciel très

bleu, sans se presser, encombrant la journée. Ce soir, enfin, tout est pur et calme et frais, l'air limpide, le ciel uniformément lumineux et incolore, comme laiteux. En s'en allant, le soleil a caressé mes grandes Rousses, encore neigeuses, d'un reflet soyeux, délicieusement empourpré.

Seule, la Guisanne, enflée par la fonte des neiges, se déchire sur son lit rocailleux au fond de la gorge assombrie, et trouble de sa plainte monotone la sérénité de l'heure.

Mon esprit semblablement se déchire lui-même dans l'angoisse, malgré l'apaisement qui l'environne.

7 Avril.

Ce matin soleil étincelant dans un ciel très pur. Tout mon paysage cher est légèrement brumeux.

10 Avril.

Les mains veulent saisir, mais le contact de l'oiseau si frêle, si douillet, surprend leur rudesse; d'un rien elles étoufferaient le battement de sa petite vie prisonnière. Les mots veulent expliquer, mais ils sont lourds et impropres à rendre la délicatesse infinie du cœur, dès qu'ils le scrutent, ils tuent son essor.

Qu'est-ce qu'un oiseau qui ne vole plus?

Qu'est-ce que le cœur qui n'aime plus?

Les mains veulent saisir..... les fleurs qu'elles cueillent ne tardent pas à se faner.

Les mots veulent expliquer... s'ils cherchent à s'emparer de l'âme qui est toute pureté, pour l'analyser, elle perd aussitôt sa candeur, son parfum, sa lumière.

Qu'est-ce qu'une fleur flétrie?

Qu'est-ce que l'âme desséchée?

Les mots issus du cerveau peuvent essayer, sans toujours y parvenir, de traduire la pensée... non le sentiment... c'est d'un autre ordre.

Le cœur s'il s'exprimait, peut-être serait-ce par la musique : « *Cantare amantis est*[1]. »

Quant à l'âme, de par son essence divine, comment pourrions-nous prétendre la définir?

11 Avril.

Matinée radieuse. L'après-midi, bourrasques.

Mon esprit s'apaise depuis que j'ai fait taire successivement cinq ou six fontaines, robinets et réservoirs qui pleuraient leur chanson continue et dure.

Je pense aux miens installés dans mon cher Harcanville pour les fêtes de Pâques.

Tristesse indéfinissable!

O mon Dieu, laissez-moi cette paix et j'orienterai vers Vous tout l'effort dont je suis capable.

12 Avril.

En feuilletant d'anciennes notes, je retrouve ce passage de Louis Bertrand :

« En dehors de la spéculation pure, l'intelligence n'est pas bonne à grand'chose, ou elle doit jouer le second rôle, suivre les indications des faits ou du sentiment et en tirer le meilleur parti possible.

---

1. Saint Augustin.

« Pour moi, c'est toujours l'instinct qui m'a sauvé. »

Comment dirais-je mieux et plus vrai de moi?

Et ceci de Lacordaire, qui me semble fondamental, et résoudre, autant qu'il est en notre pouvoir, l'énigme de la vie :

« La mélancolie est inséparable de tout esprit qui va loin et de tout cœur qui est profond. Elle n'a que deux remèdes : la mort ou Dieu. »

14 Avril.

O ma tête, ma pauvre tête!

Pourquoi pèses-tu si lourdement sur ma nuque? Quel plomb, en guise de cervelle, t'incline sur l'oreiller comme une fleur perverse au parfum trop intense? Qu'il fait opaque en moi!

Quelle caverne! Quel antre! En vain je cherche une issue d'où filtre un pâle rayon. Qu'au moins je puisse m'y reconnaître un peu! Mais non, rien, rien, que ténèbres épaisses. Combien de temps encore me sera imposé ce nocturne?

Peut-être ma pensée, telle une Loïe Fuller étrange, continue-t-elle à dérouler ses mouvements féeriques et rythmés, mais ses écharpes et ses voiles sont noirs et dans cette atmosphère de nuit noire, que puis-je saisir de son agitation?

Danse ou combat de nègres dans la nuit? Brouhaha insipide et monotone, décevant, énervant! En plongée — vingt mille lieues sous les mers — Panne de lumière — obscurité lugubre.....

Comment trouver le contact pour embraser la rampe aux mille feux qui animerait cette scène? La lumière dans ma tête, quelle joie! Y voir clair

comme au milieu d'un jour radieux d'hiver quand
le soleil incendie la neige des montagnes si nettes;
clair comme en un jour limpide de printemps,
quand le soleil, en plein midi, fait chanter les velours
des verdures neuves; clair comme en un jour somptueux d'été, quand le soleil, à son point culminant,
concentre ses rayons dans l'eau du lac, cristal très
pur, et mue, véritable alchimiste, le sable et les
graviers du fond en pépites d'or étincelantes!

Y voir clair, quel rêve! Quelle splendeur dans
ma tête, alors que ma nuit intérieure, stagnante et
embrumée, ne connaît même pas l'immensité pi-
quetée des étoiles ni le reflet, pourtant si froid, de
la lune.

C'est la nuit en vase clos, hermétique, lourde et
suffocante...

Décidément cette boîte crânienne, que je croyais
l'asile de mes chères pensées, ne serait-elle qu'un
creuset accaparé par quelque affreux démon pour y
délayer son plomb fondu?

16 Avril.

Ma tête, toujours aussi lourde. Ma pensée prise
comme une banquise. — Quelques lueurs d'espérance en lisant saint Jean.

Légère amélioration.

17 Avril.

Projet de lettre pour la fête de M. :

Une date approche que je ne veux pas laisser
passer dans le silence. Tu sais laquelle. Elle est
pour moi non seulement celle de ta fête, mais aussi
l'anniversaire de cette visite très douce que tu me

fis l'an dernier et pour laquelle je ne saurai jamais te dire assez toute ma reconnaissance.

Tu comprendras donc avec quelle joie je vois revenir cette époque qui me permet de raviver un tas de souvenirs et surtout d'en profiter pour te dire, les mains seulement un peu plus lasses et la tête plus lourde, mais non le cœur moins ardent, pour te dire tout ce que, dans ce cœur, resté jeune et aimant, je forme pour toi de vœux aussi sincères qu'enthousiastes.

Pour ta santé avant tout, pour ton bonheur immédiat, pour ces plaisirs et ces honneurs aussi que tu recherches, enfin pour ces mille formes que peut revêtir la passion du moment et autour desquelles ton désir se brûle les ailes.....

Je souhaite de tout cœur leur réalisation.

C'est la vie.

Mais ces vœux sont peu de chose en comparaison de ceux bien plus élevés que je forme pour toi en vue de ce bonheur unique, vraiment le seul réel et intangible qui découle de la contemplation de la lumière et de la vérité, ce bonheur qui ouvre un monde nouveau à l'amour et qui est absolument seul à pouvoir assurer un peu de paix à des cœurs tourmentés comme les nôtres.

Pour celui-là, je prie du fond de mon âme, afin que sur ta route accidentée, il te soit donné, un jour — peut-être bien plus tard quand je ne serai plus là — de l'entrevoir, puis de tendre tout ton effort vers lui.

Si notre amitié est déjà vieille et pâlie par le temps et les circonstances adverses, ma maladie et l'éloignement ont pu l'estomper, et non sans raison t'en détacher comme d'une chose presque sans vie extérieure, incapable de satisfaire à ta jeune ardeur; pour moi, au contraire, elle est devenue toute spirituelle et ma pensée vigilante s'attache à réparer ou plutôt à préparer les voies de Celui qui seul peut réparer le mal commis jadis.

Voilà des choses bien sérieuses pour une fête de jeune homme où tout chante l'allégresse. Je devrais m'en excuser. Je ne te demande pas de me comprendre maintenant... mais... un jour.....

20 Avril.

Ces derniers jours, bourrasques; aujourd'hui éclaircie.

Dans ma tête aussi le sombre rideau s'allège jusqu'à n'être plus qu'une gaze légère, presque vaporeuse.

Ma pensée m'apparaît comme un paysage matinal, noyé dans la brume. Rien n'est précis. Tout est délicieusement flou, distant, étrange presque, avec le charme vague d'un Corot.

Est-ce l'aurore d'un jour merveilleux, ou simple lever de rideau, ou entr'acte?

22 Avril.

Dans la solitude, l'esprit acquiert un tour essentiellement personnel qui va parfois jusqu'à la rudesse; ses défauts risquent fort de s'accentuer, mais il se creuse en profondeur et rien du dehors ne vient troubler le rythme de son accroissement.

Il ne connaît d'autre limite que celle de sa propre puissance.

Les rapports sociaux qui permettent les échanges d'idées, incitent l'esprit à plus de variété et le tiennent en garde contre certains excès, mais il subit inconsciemment, du fait de ce frottement, des influences qui lui font perdre en intensité ce qu'il gagne en poli, en brillant.

De même les arbres. Dans la forêt, où ils poussent côte à côte, ce voisinage les contraint à certaines déformations réciproques dans leur développement. Tous se gênent. Par contre, tous s'élancent semblablement, au plus haut, vers l'air libre qu'ils se doivent partager; leur force, comme leur beauté, réside plutôt dans cette masse imposante que dans leur robustesse ou leur ligne propre.

Tandis que, seul au milieu de la plaine, le chêne ou le noyer étend sa ramure en tous sens et ne connaît aucune entrave au plein épanouissement de sa frondaison qu'il amplifie sans cesse; il s'ancre solidement dans le sol que nul ne lui dispute afin de tenir bon contre les ouragans.

Quant aux livres que nous lisons, dans l'un comme dans l'autre cas, ils contribuent à notre enrichissement, au même titre que l'eau de la pluie qui tombe aussi bien sur la forêt que sur la plaine. Nous les assimilons pour en tirer notre sève, comme l'eau dissout les sucs de la terre que pompent les racines.

2 Mai.

Je me traîne assez lourdement.

Moral bas. Temps couvert et triste.

Allons! dès les premiers beaux jours, il faudra sortir de là, secouer cette apathie!

4 Mai.

J'écrivais dernièrement :

J'ai très peu d'amis. Ne croyez pas que je m'en plaigne, bien au contraire, je m'en félicite. C'est peut-être que je suis assez difficile sur les qualités que j'exige d'eux pour les introduire dans ce que je considère comme un temple et non comme une brasserie.

Mais c'est surtout, je le reconnais, que mon humeur essentiellement variable, suivant mon état physique et moral, suivant les saisons et les jours, a tôt fait de les dégoûter de moi.

D'ailleurs, je ne crois pas qu'il soit si mauvais d'être, ou tout au moins de paraître, désagréable jusqu'à un certain point. J'avoue même qu'il ne me déplaît pas souvent de me donner un abord hirsute, rébarbatif. Cela protège contre bien des importuns. Quant à ceux qui persistent à franchir les trois enceintes dont je me cuirasse, il m'est assez agréable de les estimer au moins autant que leur attitude me prouve leur propre estime.

5 Mai.

Ce matin, enfin, soleil. Soleil incertain, fugace, comme honteux de s'être si longtemps caché.

D'énormes masses nuageuses, aux contours effilochés, obstruent un ciel de pervenche et s'écrasent sur les sommets comme des édredons flasques.

Les petits champs carrés de la montagne, qui s'étagent chacun en damier, le long des premières pentes, sont d'un vert différent; dans les sapins au vert bouteille, toujours uniformément sombre, les mélèzes bourgeonnant mettent de longues flammes plus *pâles* d'un vert tendre.

Au fond de la vallée, Villars-Saint-Pancrace, tout en longueur, avec son église à un bout et ses toits couverts de schistes blanchâtres qui miroitent au soleil, semble un gros poisson aux écailles étincelantes, bâillant sur l'herbe fraîche.

Là tout près, un pommier, seul au milieu des autres, éclate en une gerbe de fusées blanches.

Serait-ce souvenir des neiges d'hiver?

Non, c'est le premier sourire du printemps!

9 Mai *dimanche.*

Réveillé par les coups de canon, en l'honneur de Jeanne d'Arc.

Temps splendide.

Le ciel immaculé est d'un bleu pâle, l'air est limpide, frais comme du cristal fluide. Les forêts de sapins et de mélèzes échelonnent leur masse dégradée et veinée, comme un sombre marbre antique, et forment transition entre tous les verts de la vallée, qui semblent vernis à neuf, et les sommets encore neigeux, de cette neige hivernale, chaque jour plus retranchée et comme plus condensée pour fuser au soleil avec plus d'éclat.

La lumière qui baigne tout, est si jeune et enfante tant d'allégresse, qu'elle seule suffit à faire de cet ensemble, plutôt austère, un féerique enchantement.

Moi, malgré cette vie que j'aspire avidement, je me sens un poids lourd sur la poitrine, tellement lourd qu'à certains moments, j'étouffe.....

14 Mai.

Anniversaire mémorable... de ma naissance. J'entame mon trentième printemps. Que de réflexions.....

18 Mai.

Mauvais temps. La vallée n'est qu'une chaudière immense aux vapeurs réfrigérantes.

J'ai toujours la tête pesante. Impossible de faire un travail intellectuel suivi. La lecture même semble concentrer des lourdeurs étranges dans mon pauvre crâne jusqu'à me tordre et m'écraser cruellement les yeux.

20 Mai.

Reçu la visite du jeune abbé, mon directeur. J'en avais grand besoin. Ma lassitude frisait le découragement.

Quelles que soient nos dispositions intérieures, qui sont essentiellement variables, cultiver par-dessus tout la confiance en Dieu.

Nous nous aimons beaucoup trop nous-mêmes.

Jusqu'à notre ferveur que nous aimons, plus souvent, pour la satisfaction que nous en tirons que pour la gloire de Dieu. Donc, s'il plaît à Dieu de me la retirer, je le louerai quand même. Loin d'être un recul, cela peut être un avancement. Au moins c'est une leçon d'humilité.

De même dans la tentation, quand tout semble lâcher, un seul recours : la confiance en Dieu.

Quels trésors, quelles merveilles, quelle puissance de compréhension, de charité, de réconfort peuvent recéler un cœur de prêtre très simple.

Est-ce humainement possible?

Alors ce n'est pas l'homme, mais le ministre du Christ qui parle.

23 Mai (Pentecôte).

A la messe.

« Esprit saint, purifiez en nous ce qui est souillé...
Guérissez ce qui est malade. »

Et le Ch. xiv de l'Évangile selon saint Jean.
Peut-être le summum de ce que humainement
nous pouvons savoir et comprendre du divin :

« Je vous donne la paix, je vous donne ma paix,
je ne vous la donne pas comme le monde la donne... »

Mais il faut le lire en entier, c'est si beau, si
simple, si substantiel. — La moindre de vos paroles,
ô Christ, ne contient-elle pas plus de Vérité que
tous les discours des hommes!

26 Mai.

J'envoie aujourd'hui en Belgique, où je désire
qu'il arrive pour la sainte Angèle, le livre de Dom
Pie de Hemptinne.

J'ai écrit sur un des premiers feuillets du livre :

Dom Pie! obtenez-nous, comme fruit de la lecture et de la méditation de vos pensées, d'acquérir
des dispositions d'esprit et de cœur qui se rappro-
chent des vôtres, pour qu'il nous soit permis présentement de connaître, d'aimer et d'imiter toujours davantage notre divin Christ dans ses souffrances, de telle sorte que nous parvenions, au jour
de notre mort, avec des sentiments identiques aux
vôtres et qu'alors il nous soit donné de posséder
notre divin Christ dans sa gloire.

Je transcris ici des pensées qui m'ont le plus
frappé :

« 1º Une nature sans amour est un printemps sans

soleil. Les fleurs éclosent peut-être, mais elles n'ont point de charme; les fruits mûrissent, mais n'ont pas de saveur. »

« 2º Quand une âme a dévoilé les souffrances de sa vie, elle a révélé le fond le plus intime d'elle-même, elle a tout dit. »

3º « Comme la source écoule ses eaux dans le vallon, comme la fleur tend avidement la tête vers la lumière, comme la biche craintive recherche les profondes solitudes, qu'ainsi, Seigneur, mon âme s'épanche toujours en Vous, que sans cesse elle se rassasie de votre splendeur, qu'elle se plonge et à jamais se perde dans les divines solitudes que votre présence crée en elle. »

27 Mai.

Malgré ma tête lourde, j'ai lu avec plaisir une jolie page de L. Bertrand sur la cathédrale de Chartres, « la divine cathédrale, aux yeux bleus ».

J'y ai trouvé quelques impressions sur la splendeur des vieux vitraux qui m'ont paru suaves.

La nuance des bleus, surtout de ces bleus uniques y sont subtilement notées depuis « l'éblouissement des bleus limpides et virginaux... bleus de myosotis, bleus de bleuets », jusqu'à « la douceur crépusculaire de ces bleus ultra-terrestres, de ces nappes de saphir sombre, de saphir funéraire qui s'enténèbre ».

J'ai toujours aimé très particulièrement la grande pureté des bleus. Ils m'attirent étrangement. Je crois que l'intérêt de leur qualité, intérêt que ne présente aucune des autres couleurs, à mon sens, provient de ce fait qu'ils sont comme un rappel, un reflet, un prolongement de l'azur ineffablement varié des ciels sans nuages.

C'est pourquoi, dans la gamme des bleus, pourtant si étendue, toute nuance, pourvu qu'elle soit suffisamment dégagée de matière terrestre impure, est pour moi rare et précieuse. Je trouve en elle plus qu'un chatoîment séduisant pour les yeux; il y a réellement l'évocation d'une atmosphère d'au delà, des possibilités de rêve et des trésors merveilleux de spiritualité qui vous pénètrent, jusqu'à l'âme, un écho atténué des espaces infinis où nos regards se perdent, cherchant à saisir dans cette poussière des mondes un signe du surnaturel.

Quel charme singulier, quelle sérénité n'ont pas certains yeux bleus qu'on dirait transparents comme une goutte d'eau où se reflèterait le firmament !

Et certaines fleurs très simples : les pervenches au bleu foncé me rappellent le ciel profond de l'Italie; les hortensias avec leur bleu si clair, si vivant qu'on le dirait fraîchement lavé, me sont aussi chers qu'un beau ciel tendre et joyeux de l'Ile-de-France.

Il y a, dominant le maître-autel de la cathédrale d'Anvers, un tableau de Rubens représentant une Assomption. Il n'est peut-être pas dans la meilleure manière du maître. Les archives paroissiales ont conservé la facture du peintre : le plus curieux n'est pas le prix demandé (qui nous paraît aujourd'hui dérisoire), mais le grand artiste, qui était pourtant un grand Seigneur, a cru devoir porter sur sa note un supplément pour l'outremer pur de la robe de la Vierge !

Voilà un bleu que je n'ai jamais regardé sans émotion.

La royauté des bleus appartient sans conteste

aux merveilleux vitraux de jadis. Étant transparents, eux seuls peuvent atteindre à cette luminosité de tons. On dirait l'éclat de belles couleurs neuves, exemptes de tout mélange, immatériellement en suspens dans l'espace, uniquement délayées dans de la lumière et ayant, par surcroît, un velouté, une profondeur apaisée, amortie, sans rien cependant de terne ou de voilé.

La peinture, sous ce rapport, ne saurait lutter à armes égales; les symphonies de bleu, en général, sont redoutables, même pour les artistes les plus experts. Ne cite-t-on pas comme une heureuse exception le célèbre "Blue-Boy" de Reynolds?

Pour les vitraux, il est curieux de noter que notre époque, loin de progresser sur ce point, se montre très inférieure, notamment quand il s'agit d'égaler les incomparables bleus des anciens maîtres-verriers.

Sont-ce procédés perdus, secrets emportés avec eux par les patients et pieux artisans d'autrefois? Est-ce patine du temps? Il n'en reste pas moins que nos vitraux modernes font triste figure quand ils voisinent avec les riches verrières d'antan. Chaque fois, ils font penser à de pâles et criards cabochons de verre, à côté des plus somptueuses pierreries; comme si chacun d'eux synthétisait son temps et les mœurs différentes; ceux-là les rapides procédés industriels modernes, le travail en série; ceux-ci la conscience, la foi et l'amour de jadis : l'œuvre d'art.

*
* *

Pendant que j'écris, la grande voûte céleste progressivement se nettoie; en cette saison elle est plus dégagée le soir qu'au milieu du jour.

12

A ce moment, mon horizon familier prend sa véritable valeur. Les nuages qui pèsent et dessinent des formes dans le ciel, écrasent et rapetissent les montagnes. Il faut que celles-ci se détachent dans l'espace absolument vide pour trouver leur vraie proportion et leur grandeur.

Mes « Rousses » trônent maintenant, magnifiquement installées, dominant le fond de la vallée. Sur leurs flancs pyramidaux, les forêts de mélèzes et de sapins se déploient, évasées comme une robe d'autrefois très ample, aux plis harmonieux, robe de taffetas ou de velours sombre, où se jouent mille reflets verts.

Quelques plaques rocheuses, par endroits, déchirent bien les neiges culminantes et commencent à leur donner un certain air galeux; l'ensemble pourtant demeure encore imposant et éblouissant au soleil qui s'incline.

Tout cela, cependant, n'a de sens que par le ciel immense qui le domine, sans l'écraser, qui le baigne, sans le noyer, un ciel bleu à peine, dans lequel traîne impalpable comme une poussière légèrement ocrée; cette poussière n'est qu'une large frange, insensiblement dégradée à l'horizon, à peine un volant d'imperceptible gaze; car, en remontant au zénith, c'est le bleu de vitrail que je retrouve dans toute sa pureté, un bleu doux, uniformément limpide, à la fois léger et vif, clair et franc, ce même indéfinissable bleu dont on voit parfois resplendir une parcelle dans le saphir pâle que porte au doigt une jeune fiancée, le jour des accordailles.

30 Mai.

Ce matin, en me réveillant, le lilas blanc sous ma fenêtre était tout en fleurs.

La journée est chaude, presque lourde. Sans printemps, voici déjà l'été.

Quelques nuages, légers, diaphanes, comme de grands signes cabalistiques déteints; dans une autre zône, comme de longues vagues étalées qu'ourle un peu d'écume pâle, les montagnes sont nettes et leurs moindres rocs, saillants comme découpés à l'emporte-pièce sur un ciel d'un bleu si cru qu'il s'y mêle assurément une pointe de vert.

31 Mai.

Pour l'enquête - ouverte actuellement par le *Figaro* sur la religion et la science.

« Rendons à César ce qui est à César, et à Dieu ce qui est à Dieu. »

Voilà le principe, reste l'application pratique, avec, notamment, la définition des zones limites, question bien épineuse.....

1ᵉʳ Juin.

Le temps s'est rafraîchi. Il a plu cette nuit. Mon paysage est peint avec des couleurs ravivées. Si ce n'étaient l'habitude et une certaine perspective, on dirait qu'il n'y a plus de distance; tout est sur le même plan sans atmosphère dans le vide. A l'opposé du soleil, derrière une croupe encore neigeuse, le ciel est aussi intense qu'en plein hiver, presque du même bleu que les premières gentianes qui viennent de faire leur apparition.

*
* *

Ma tête va mieux et ne gêne plus ma méditation.

Je me suis attardé, ces derniers temps, à des considérations et à des pensées purement humaines, d'un intérêt souvent douteux. A la longue, elles finissent par dissiper. C'est d'abord comme une langueur qui s'empare de l'âme, un engourdissement de la vie intérieure; puis, insensiblement, nous devenons froids et négligents. Maintenant que je n'ai plus l'excuse d'un alourdissement mental, il est grand temps de secouer cette torpeur paresseuse et de revenir à plus de spiritualité. Assez de fallacieuses bagatelles!

Comment maintiendrais-je, par ailleurs, ma prière dans un rythme intense, si je dissipe mon esprit en des futilités? La ferveur ne se trouve pas comme un beau fruit que l'on achète, chez le marchand du coin. Elle se cultive, avec mille soins attentifs, comme le fruit sur l'arbre. Encore sont-ils rares ceux à qui il est donné de voir arriver le fruit à maturité!

Ne suffit-il pas d'une gelée tardive, par un beau matin de printemps pour compromettre, d'un coup, la récolte qui s'annonçait belle? Et c'est la mort dans le verger!

Quelle splendide récompense, au contraire, si quelques précautions ont été prises pour protéger ce qui en valait la peine.

Quand, au lieu de fruits de la nature, il s'agit des fruits intérieurs de la foi qui illumine l'esprit, de l'amour qui embrase le cœur, quelle délicatesse n'est pas nécessaire pour les préserver des moindres miasmes qui risquent de porter atteinte à leur vie ardente et subtile! Il suffit de si peu de chose pour les détériorer, les déflorer! Alors pourquoi tant de lectures inutiles et de bavardages vains? Il faut revenir avant tout à la simplicité et se remettre au chemin de l'humilité, afin de posséder réellement son âme dans le calme et dans le recueillement. Si je lâche tant soit peu la bride, l'orgueil redresse la tête, et l'orgueil ne tarde pas à réveiller la chair toujours plus ou moins mal assoupie.

La simplicité et l'humilité du cœur sont donc les deux cariatides fondamentales de la ferveur.

O Christ! puisque vous avez ouvert devant moi la voie royale de votre croix et que Vous m'avez donné le désir d'y marcher, donnez-moi aussi les moyens d'y progresser, ces moyens surnaturels qui, galvanisant ma faible bonne volonté, sont indispensables pour parcourir cette voie, ardue certes, mais qui aboutit à votre gloire.

5 Juin.

Petites notes :

Il y a une grande différence entre la finesse et la complication de l'esprit.

Qui dit finesse dit subtilité quasi naturelle dans le domaine intellectuel, prédisposition à une certaine analyse fertile en découvertes d'aperçus et de rapports originaux qui sont un précieux encouragement pour la connaissance des choses, mais maintien dans une direction générale toujours juste parce que sous le contrôle latent du bon sens.

La complication, au contraire, est essentiellement artificielle; elle résulte d'une tournure d'esprit prétentieuse et voulue, elle peut amener aussi bien des points de vue séduisants que des perspectives incohérentes. Pur hasard! L'esprit travaille comme une machine convenablement équipée, mais qui fonctionnerait sans contrôle : le jugement fait défaut.

Certains volontaires un peu chimériques cultivent la complication. Les vrais sensibles qui sont simples au fond, mais perçoivent et réagissent instinctivement et intensément, ont une tendance innée à la finesse d'esprit.

Ce n'est pas la finesse, mais la complication, qui est cet orgueil de l'esprit si opposé à l'esprit de l'Évangile.

La complication ne saurait s'incliner devant le mystère, et admettre la foi, le dogme et la morale qui lui sembleraient autant de limites.

La finesse, à l'inverse, puise une force dans cette discipline qui ne rapetisse pas l'homme, car l'effort de ce dernier doit tendre précisément à se servir de cette armature pour progresser et s'élever.

La vraie finesse de l'esprit ne va pas sans une grande sensibilité du cœur. Mais le premier, se rendant parfaitement compte de cet état du second, s'en méfie et se masque tantôt d'ironie, tantôt de fierté pour cacher cette faiblesse et la défendre contre le vulgaire qui aurait tôt fait de la piétiner.

En fin de compte, et bien que nous disions souvent le contraire, nous ne progressons pas tant que cela dans le domaine des idées. Quelle que soit notre pâture, ou celle qu'on nous prépare spécialement, lectures ou discussions, nous n'assimilons jamais au delà de nos moyens; nous sommes limités par eux comme devant le plus somptueux repas, par notre appétit.

Cette capacité intellectuelle varie, en grandeur,

suivant les individus, mais demeure à peu près constante, aux époques normales, pour chaque individu.

Si nous évoluons, en ce sens que nous pouvons encore assez facilement changer d'idées ou en acquérir quelques nouvelles, nous procédons à un échange ou à un accroissement, mais entre valeurs de même ordre, équivalentes.

Notre enrichissement s'effectue en surface, en quantité, en diversité, beaucoup plus qu'en profondeur, en qualité, en intensité.

L'esprit ne s'améliore pas : nous changeons les papiers et les meubles, la maison reste la même. Sous ce rapport, nos sens sont bien supérieurs : ils s'affinent.

Nos esprits, eux, ressemblent à des cribles : chacun, suivant sa grosseur, retient plus ou moins, mais il ne nous est pas donné d'en refaire le tissu avec des mailles plus serrées.

Pour le cœur, comme pour l'esprit, c'est le fond initial qui demeure.

Le cœur peut, cependant, traverser des crises qui le bouleversent, à la suite d'événements exceptionnels ou imprévus. Sa sensibilité croît, le sentiment s'épure.

A ce point de vue le cœur est à moitié route entre l'esprit et le sens.

7 Juin.

Prendre son plaisir où on le trouve et comme on le trouve, c'est la caractéristique de la passion qui est un emportement des sens.

Un cœur bien né se dévoue à tout ce qui peut

être la joie ou le bonheur ou même la paix de ce qu'il aime.

La passion est égoïste.

L'amour est altruiste.

9 Juin.

Mon départ d'ici prend tournure. Bien lentement, bien tardivement à mon goût; mais enfin!

Ma tante M..., en revenant du Midi, passerait me prendre ici vers le 20 juin en auto. Je ferais avec elle cette route Briançon-le-Lautaret-Grenoble, qui est une pure merveille; de là je gagnerais Paris, puis Rouen, puis mon cher Harcanville! Je dis bien, mon cher Harcanville, car c'est sa perspective seule qui me fait vivre à peu près huit mois de l'année. Aussi je me débats si je vois que ces quatre mois de vacances on tend à me les réduire!

Mon attachement lui est devenu si violent, presque si passionné que, cette année surtout, j'ai peur qu'il ne m'apporte une déception...

Pourtant, non. J'ai l'intuition que sa paix me sera toujours propice : c'est bien là mon *reposoir*.

Ce ne sont encore que projets, c'est-à-dire choses bien incertaines. Pour leur donner un peu plus de réalité, j'ai fait apporter ma malle, chaque jour, je commence à en ranger ou déranger un coin. Il me semble ainsi, rien qu'à voir préparé cet emblême du départ, que mon bonheur prend corps et cesse d'être une chimère.

Cette dernière semaine, temps maussade; aujourd'hui il fait presque beau avec un soleil tout neuf.

J'ai reçu la visite de l'abbé M... Nous avons causé

longtemps, en marchant sous les arbres dans des flaques de lumière.

Au loin, la vallée était d'un vert moins cru, d'un vert soyeux, au reflet presque doré partant d'herbes en fleurs; de nombreuses terres, fraîchement retournées, semaient de place en place leurs notes d'un rose patiné, tirant sur le mauve.

Cet assemblage de coloris était simple et tendre, sans rien de heurté, comme un camaïeu ancien; il s'en dégageait un charme très suave et reposant, aussi bien pour les yeux que pour l'esprit.

L'air surtout avait cette jeunesse éternelle qu'a seul l'air de la montagne...

Nous causions très intimement de choses immatérielles, comme si nos âmes s'épanouissaient librement dans cette atmosphère si sereine et si pure...

11 Juin.

Sale vent!

Vent du Nord-Ouest qui pousse devant lui, à bride abattue, d'énormes nuages très blancs. On dirait d'une horde en déroute. Le soleil, heureusement, ne reste pas longtemps caché; le ciel, tout uni derrière les nuages, paraît, par contraste, d'un bleu de Sainte Vierge.

*
* *

J'ai fini les *Captifs*, de Kessel.

C'est parfaitement Leysin : le cadre, la tonalité, cette vie que j'ai connue.

Un tel sujet demande beaucoup de tact pour n'être pas pénible. Il y a cependant une poésie dans la vie des malades... une poésie qui souvent n'apparaît pas à première vue, mais se dévoile à la longue infiniment délicate.

Ce travail d'une âme forcée à la contemplation par suite du bannissement de toute activité extérieure; ce tête à tête constant avec la nature d'une part, avec sa pensée, de l'autre; cet isolement par rapport à la vie normale, familiale; le froissement devant le premier mouvement de répulsion d'un être sain; la révolte, la résignation, la tristesse à chaque constatation d'un amoindrissement des facultés physiques, comme si l'on descendait chaque fois d'un échelon vers la déchéance finale; les alternatives d'espoir et de désespoir luttant, pareilles à deux gladiateurs dont l'un doit finalement égorger l'autre; l'avenir impénétrable, bouché comme le ciel par la mer de nuages, ne livrant qu'un horizon chimérique; les réactions en face de la souffrance, tant celle de son propre corps que celle des autres. Tout cela, traversé par certains souvenirs d'enfance, par certaines voix de la conscience, par des besoins, des aspirations et bien d'autres choses encore, plus ou moins insondables qui peuvent mener jusqu'à Dieu.....

Il y avait beaucoup à dire... oui beaucoup.

Assurément vous avez compris les malades, Monsieur Kessel... mais avez-vous *tout* compris?

16 Juin.

Soleil, vent, nuages.

Les gros nuages promènent leurs ombres démesurées sur le paysage. Les parties éclairées sont acides, celles dans l'ombre semblent plus profondes, d'une couleur terne et triste.

Les forêts de sapins sur les pentes ont, au soleil,

des reflets rougeâtres; dès que l'ombre les aborde,
elles deviennent glauques, comme des eaux mortes.

Les cumulus qui obstruent le ciel ont des dessous
crasseux; entre les nuages, les découpures de ciel
paraissent d'un bleu si criard qu'on les dirait
teintées avec une encre spéciale.

***

Pas de nouvelles de mon départ! Puis au delà?
Quelques mois de tranquillité, peut-être! Puis
au delà, encore?

Que d'incertitudes, d'angoisses obstruent mon
horizon.

Pour le peu de réconfort qui me reste, il est
gâché par ma machine de corps qui va de moins
en moins.

Ah! l'azur immaculé!

Mais le méritons-nous, mon Dieu?

20 Juin.

Enfin, je partirai jeudi.

Quelques jours d'agitation à Rouen et finalement,
j'espère, la paix dans mon cher Harcanville.

Je pars par fer. Je regrette la jolie route du Lautaret. Mais, au moins cette fois, la chose, et chose
essentielle pour moi, est fixée : je m'enfuis jeudi.

C'est un vrai soulagement. Il y a des moments
où je me figure que je deviens fou, ici. Je ne redoute
ni le voyage, ni ses fatigues; dans ce sens-là, un
aimant m'attire avec une force irrésistible.

***

On dirait vraiment que l'homme livré à lui-
même ne cherche qu'à empoisonner sa vie à force

de vouloir toujours scruter l'avenir, aux possibilités angoissantes.

Pourtant Vous seul en êtes le maître, Seigneur, et Votre Sagesse est infiniment prévoyante pour vos serviteurs débiles.

Qu'il en soit donc fait suivant la logique des choses, c'est-à-dire suivant votre Volonté, sans que nous ayons à nous inquiéter de rien.

Mais ce n'est point tout et Votre Sagesse ne va pas sans bonté, car lorsque vient l'épreuve, encore nous accordez-vous, en temps voulu, les grâces qui sont nécessaires pour la supporter.

30 Juillet 1926.

Harcanville!

Enfin arrivé ici... après combien de vicissitudes!

Une crise m'a cloué à Rouen pour plus de quinze jours : voilà comment, bien à contre-cœur, mon arrivée s'est trouvée retardée jusqu'à maintenant.

Qu'importe! Que ce soit évolution naturelle, conséquence des fatigues du voyage, changement d'air, suite d'un effort, etc., etc., tous les savants de la terre peuvent en discuter longuement après coup : cela n'y changera rien.

Pour moi, je sais que la joie du retour, de retrouver enfin les miens et la maison avec toutes ses choses et ses bêtes, ce bonheur ineffable ne saurait être payé trop cher.

Il n'y a pas l'ombre d'un doute : la solitude en demeure étrangère me ronge. Je crois que si je devais recommencer à vivre là-bas, je deviendrais tout à fait fou.

A la longue, je me replie complètement sur moi-même; c'est comme si je passais mon temps à me regarder avec une loupe. Alors, la moindre chose prend des proportions considérables; d'une mouche je fais facilement un éléphant! Enfin, je le déclare net : je deviendrais fou!

Ce n'est pas que ma vie subisse un grand changement : je passe autant de temps étendu, le plus souvent seul, car la moindre conversation suivie me fatigue. Mais tout m'est familier, depuis le son des voix que j'entends par la fenêtre ouverte jusqu'aux bruits de la maison. Pour un oui ou un non, ma mère ou quelqu'un ouvre ma porte, jette une phrase, donne une nouvelle.

Je suis mille projets d'organisation intérieure qui deviennent pour moi des questions fondamentales. A table, chacun parle de sa vie, de ses espoirs, de ses rêves. Comme tous me sont chers, je m'intéresse à tout. Ce n'est plus en moi, dans ma vieille carcasse usée, à bout de souffle, que je vis, c'est en eux, en eux qui sont jeunes, sains, ardents.

Le ciel est gris, couvert, un vrai temps du pays de Caux : mais ce gris n'est pas fixe, il est plein de grandes zébrures qui courent comme des reflets sur une moire; on sent une masse mouvante et compacte qui se déplace, poussée par le vent de la mer.

Le temps d'ici n'est jamais mort.

Une chose qui me frappe, peut-être par contraste avec la montagne aride, c'est, dans les arbres comme dans l'herbe, cette végétation luxuriante qui dit la terre grasse et riche de substances nourricières. J'ai à peine pu jeter un coup d'œil dehors, mais, dans mon souvenir, l'image de ces lieux très aimés est si exactement gravée que je ne peux pas trouver, en la comparant à la réa'ité, la moindre différence. Cette pelouse devant ma fenêtre, dans sa forme comme dans ses dimensions, j'ai beau scruter longuement en moi, je ne découvre rien, absolument rien qui ne réponde à ma vision, jusqu'au contour des frondaisons qui se découpent dans le ciel et dont je reconnais les dessins identiques et bizarres. A peine, au loin, derrière un toit, un talus de jeunes chênes dont la tête s'est haussée...

Et de n'avoir aucune surprise, de trouver tellement tout comme je l'attendais, de cette stabilité des choses, découle un grand calme qui m'inonde, très bienfaisant.

Pareil, exactement aussi, là-bas près de la grille, l'élancement du clocher, fine flèche d'ardoises, terminée par sa grande croix de fer forgé si légère, en tête de laquelle tourne, sans se lasser, le coq gaulois héraldique, fier, le bec dans le vent.

Et cette croix aérienne et ce coq hardi semblent dresser très haut leur double symbole qui m'est cher, au-dessus du plus calme coin de terre où puissent jamais reposer mes os fatigués dans l'attente des glorieuses trompettes.

In ictu oculi... Canet enim sub et mortui resurgent, incorrupti[1].

31 Juillet.

Hier soir, fait un tour d'inspection.

Le potager est superbe, le petit bois en voie de revenir à l'état sauvage. Pour le reste, maisons, bâtiments, communs, sans changement. Ils ont

---

1. Saint Paul aux Corinthiens, 1re Ép., xv, 32.

un peu vieilli, comme moi..., moins que moi, car ils passeront moins vite que moi !

Enfin j'ai repris contact avec ce cadre unique de la vie domestique et simple. Dire que tout cela, à d'autres yeux que les miens, paraîtrait banal ! Pourtant il n'y a pas d'erreur, c'est de cet ensemble que je tire la substance de ma joie, joie instinctive, joie animale presque, un peu comme le poisson longtemps sorti à l'air, que l'on rejetterait dans l'eau, joie des yeux, joie physique qui ne s'exprime pas, ne s'analyse pas.

J'ai passé là une petite heure sans penser. Sans penser. Heureux.

Pourrais-je jamais trouver plus merveilleuse occasion de m'écrier, comme saint Augustin : « Si les choses sensibles n'avaient pas une âme, on ne les aimerait pas tant. »

Il est vrai que de retour à la maison familiale, on sent mieux chaque fois combien propice peut être cet asile à l'âme meurtrie.

Il n'existe aucun autre endroit, par le monde, où le cœur redevienne, dans la mesure du possible, aussi simple, aussi vrai.

N'est-ce point trop souvent avec de la complication à haute dose que nous nous empoisonnons ?

1er Août.

Dimanche.

La grand'messe sonne.

Le son de cette cloche, la façon même de sonner, il me semble que je les reconnaîtrais entre mille autres !

La grand'messe ici, c'est, peut-être, un des souvenirs les plus reculés de mon enfance. Hélas, il ne m'est plus permis maintenant d'y assister, au milieu des miens, au banc traditionnel, le premier du côté de l'Évangile.

L'office, j'en suis sûr, va se dérouler avec le même cérémonial, dans cette église dont pas un détail n'échappe à ma mémoire.

Seulement, parmi les vieux ors ternis des autels, autour des saints rustiques et naïfs, quelques fleurs artificielles, quelques flambeaux néo-gothiques jettent l'éclat trop cru de leur dorure neuve, comme un témoignage à peine avoué que maintenant la terre rapporte. A part cela, les ornements anciens, les vieilles bannières, jusqu'aux voix toujours un peu cassées et criardes des chantres, rien n'est changé... ni le bedeau qui quête et passe le pain bénit, dans une corbeille garnie de belle mousseline à fleurs, les jours de grande fête.

Quelle stabilité, quand on y songe, dans nos campagnes! Il est vrai qu'en ville nous ne voyons guère vivre le peuple; il est relégué dans certains quartiers. L'écart est bien plus grand qu'ici. L'ouvrier a tellement été travaillé dans tous les sens qu'il est devenu un produit artificiel dont le véritable fond, le meilleur et le plus intéressant de lui-même, est souvent impénétrable. Mais puisqu'on parle tant d'évolution sociale, conséquence de cette progression inouïe de la vie économique, où devrait-elle se manifester avec plus d'éclat qu'ici, alors que tous ces fermiers, qui peinaient autrefois assez misérablement, roulent aujourd'hui en auto et dotent leurs filles comme des millionnaires?

Pourtant, dès qu'on revient à la terre, on est frappé de cette stabilité des choses qui l'entourent.

Les gens ne changent pas plus que les choses,

peut-être moins encore. Certes, il y a plus d'argent,
il y a plus de confort, mais on cultive la terre,
comme les aïeux la cultivaient; on continue de
servir, en quelque sorte. C'est la sagesse de cette
race. Cette continuité, outre qu'elle dénote une
force morale admirable, est rassurante : n'est-ce
pas ici que bat le vrai cœur de la France, plutôt
que dans nos faubourgs infestés d'étrangers, du
rebut de tous les continents?

Pour la messe, les gros fermiers sont en tête de
leur banc, se succédant généralement de père en
fils. Les jeunes hommes sont au chœur. Il y a toujours, dans les petits bancs en avant, filles d'un
côté, garçons de l'autre, les enfants du catéchisme,
turbulents et drôlement endimanchés.

Les générations passent ainsi, formées dans le
même moule, vivant dans le même immuable
cadre; insensiblement l'une succède à l'autre.

L'homme, en tant qu'individu, n'existe pas... ni
le temps.

2 Août.

Alerte cette nuit... grosse alerte.

Ce n'est plus le repos auquel je suis condamné,
mais l'immobilité la plus absolue. Ainsi logiquement,
sûrement, à pas mesurés et comptés, comme un
nageur entre dans la mer et, descendant la grève,
sent progressivement l'eau monter le long du corps,
ainsi ai-je l'impression d'avancer vers l'inéluctable
terminaison.....

Cette immobilité même n'est-elle pas un commencement, un avant-goût de l'autre si longue et
si glacée?...

Il serait temps, très grand temps de revenir au

chemin de la ferveur que j'ai bien délaissée ces derniers temps.

Cette immobilité obligée t'évitera une part trop grande à la vie de la maison, jusqu'à t'y absorber tout.

Que ses échos, montant jusqu'à ta fenêtre, soient un réconfort moral, soit. Mais il faut, avant tout, remettre l'esprit en culture et, vu le temps, en culture intensive.

Tu as beaucoup à te faire pardonner : tant de faiblesses, tant de fautes. Que ton unique objectif soit désormais de produire des fruits dignes de te composer une offrande spirituelle acceptable.

Admirable journée, comme on peut les compter dans notre pays humide.

Tout le jour, le soleil a tourné autour du pignon qu'occupe ma chambre, inondant l'une après l'autre mes deux fenêtres en coin. Pas un souffle d'air. Je ne puis voir le ciel au zénith, mais vers l'horizon, il est d'un blanc laiteux sans trace de bleu.

Au Midi, assez proche, un talus de hêtres dresse ses troncs élancés, d'un seul jet, très hauts, deux par deux, nettement détachés sur le fond d'albâtre lumineux.

9 Août.

Ces jours derniers, nouvelle crise, plus grave.

Reviendrai-je enfin à la surface?... La tête, quoique encore lourde, va mieux. C'est l'essentiel.

Qu'importe le reste! Pourvu que me soit conservée intacte, jusqu'au bout, cette double paix installée en moi : *Paix morale*, tranquillité de la foi, dûment et intégralement acceptée. Certitude, oui certitude. Limpidité de la conscience. Sérénité intérieure. Abandon de tout par moi-même. Remise de tout en son pouvoir, en sa Sainte Volonté, par dilection. Il est le Roi des rois, l'Unique, le Maître du monde et des mondes et le Bon Pasteur qui connaît chacune de ses brebis! Confiance! *Paix physique.* Bien-être qui découle naturellement des gens et des choses qui m'entourent : douce affection des miens, charme pénétrant du décor familier, très aimé, très calme, très reposant.

11 Août.

Fièvre.

Décidément, me voilà, à peu près, dans la catégorie des demi-moribonds. Je ne bouge plus. Mon unique refuge, la prière. Combien hachée, distraite souvent, hélas! — Lu cependant avec grand réconfort quelques pages très substantielles de D. Columba Marmion.

12 Août.

Il est bien délicat de savoir jusqu'à quel point nous sommes sincères, et jusqu'à quel point complaisants avec nous-mêmes, quand nous examinons d'un peu près nos débats intérieurs.

Il y a dans notre intimité pensante, que nous ne pouvons isoler complètement de la matière, un monde d'atomes continuellement en mouvement sous l'action d'un nombre incalculable de forces, aussi variées dans leur origine que dans leur grandeur respective.

Forces conscientes, d'une part, qui émanent de notre être raisonnable, spirituel et sont mues par notre volonté, faisceau principal qui devrait toujours être directeur. Mais, d'autre part, que de flux inconscients, issus de nos sensations, ne viennent pas, dans un souverain désordre, contrarier ce faisceau principal! Forces insidieuses qui s'acharnent parfois jusqu'à l'annihiler.

Appétits instinctifs provenant de l'atavisme ou du tempérament, instincts sensuels dont l'intensité varie avec les individus, influences latentes des habitudes mauvaises, des vieilles passions mal éteintes, de l'imagination mal assagie, et combien d'autres encore... tant la « puante bête » traîne toujours avec elle son relent tenace.

Ce ne sont alors, dans notre for intérieur, entre nos pensées et nos désirs les plus secrets, que réactions, replis, alternatives dont nous ne connaîtrons jamais les lois et, à plus forte raison, ne serons jamais les maîtres.

Dans ces conditions, plutôt que de se perdre dans le labyrinthe de l'introspection qui n'aboutit à rien, il vaut mieux ne risquer sur ce champ de bataille qu'une vue d'ensemble simple et droite sur la conduite à tenir et le but à atteindre : chercher, comme à la guerre, la région sensible où les coups portent et concentrer sur un point unique tous les moyens disponibles pour y mener avec le maximum d'intensité l'action qui doit être décisive, en négligeant les petits combats d'escarmouche qui se livrent aux ailes et ne sont que des diversions. Ne pas craindre de mettre des œillères et n'écouter que les directives de la conscience.

Autrement dit, il ne faut s'appliquer qu'à obtenir la résultante de l'ensemble des forces dans la direction voulue, donc pratiquement développer et entraîner sans cesse les forces conscientes au service de notre être spirituel, de façon à leur assurer une constante supériorité au détriment des autres. Alors ces dernières, que nous ne pouvons prétendre supprimer radicalement de but en blanc, comme on arrache une plante mauvaise, à force d'être toujours dominées, s'en trouveront progressivement comme étiolées, jusqu'à perdre toute puissance nocive.

C'est seulement parvenu à ce stade où si peu d'hommes atteignent qu'il est permis de dire, avec un semblant de vérité, suivant l'expression pourtant courante, que l'on est « maître de soi ».

Pour le reste, là comme ailleurs, le plus essentiel, le plus aisé pour nous qui ne sommes jamais que des créatures imparfaites, est encore de rechercher l'action de la Providence.

Au lieu de nous analyser sans fin, attachons-nous donc à découvrir en tout des motifs de louer Dieu, créateur et ordonnateur suprême.

Il n'en manque pas.

Voilà, je crois, la meilleure tactique.

13 Août.

Le matin, quelques heures d'apaisement, mais les soirs... quel marasme!

Il me semble que je comprends très bien cette crise. J'ai dominé les gros à-coups de ces derniers mois par les nerfs, avec le but constant à l'horizon d'arriver jusqu'ici. Maintenant que j'y suis, les nerfs me lâchent, c'est le contre-coup obligatoire, la débâcle après la trop grande tension.

D'ailleurs, c'est la preuve de ce que j'avance, je n'ai jamais, depuis bien des années, été aussi calme que maintenant, aussi tranquille, content de tout, presque joyeux; oui, je ne dis pas heureux mais joyeux!

La fièvre peut continuer. Que m'importe? N'ai-je pas la paix? Quelques souffrances; que sont-elles en comparaison de tant d'autres? Que sont-elles en comparaison de celles du Calvaire?

Divine économie qui nous permet de racheter jusqu'à un certain point, avec notre divin Maître.

Je me plaindrais? Non et non.

Deo gratias!

*
* *

Tu implores les puissances surnaturelles, c'est bien; mais là ne se borne pas ton rôle. Ce serait trop facile, un encouragement à la paresse presque. Il faut lutter sans cesse. Dieu donne la victoire, certes, et tu le pries de te la donner. Mais toi, tu es le soldat qui doit se battre pour vaincre. Ce n'est pas en dormant, après avoir prié, que l'on gagne rien. Il te faut lutter contre les imaginations perverses avec tes propres moyens. Organise-toi pratiquement, en conséquence, comme ferait un bon capitaine. Étudie les heures, les occasions où l'ennemi tente de préférence ses sorties. Prépare la riposte, ne te ménage pas pour la rendre plus efficace, plus cinglante. Pas de paresse, pas de lenteur.

Dans cette guerre minutieuse de tranchées et d'infiltrations, tu joues le rôle du fantassin aux avant-postes : c'est ta progression ou ton recul, qui s'inscrivent, en gain ou en perte, au communiqué.

N'oublie jamais cette vérité fondamentale que, par suite de nos vieilles habitudes, plus ou moins mal arrachées de nos êtres charnels, les vertus morales, surnaturellement accordées, ne peuvent s'installer en nous que si elles trouvent un fondement de vertus morales, acquises par nous.

Que de vertus encore, des plus grandes aux plus petites, me font souvent défaut, alors qu'elles devraient, comme des fleurs fraîches dans ma chambre, orner toujours ma vie de malade.

Patience, bonté, douceur, bienveillance, égalité d'humeur.

Toujours le sourire!

14 Août.

Méditation.

Préparation des voies pour Celui qui doit venir demain me visiter dans mes misères.

Il faudrait balayer tout ce qui est médiocre et pusillanime. Il faut orner et décorer et embellir la maison au maximum de ce qui est humainement possible, puis se faire très humble, très petit.

Non sum dignus...

très confiant

Sed tantum dic Verbo...

Puis adorer.

*
* *

Je trouve cette résolution dans les cahiers de Madame Leseur :

« Mettre dans mes actes, mes paroles, mes gestes même, une mesure, une douceur qui devienne l'affirmation constante de ma sérénité intérieure. »

C'est tout un programme pour mon mauvais caractère!

15 Août.

« Qui n'a jamais ouï parler d'un tel prodige que l'on pût manger la vie[1]? »
Un très grand calme.
Un très grand abandon dans une joie toute recueillie.

Jam non ego... vivo ego...

Conclusions pratiques et résolutions :

1º Rapetisser mon moi sans cesse, jusqu'à le rendre inexistant;
2º Plus d'amour pour Dieu que tout;
3º Plus d'amour pour le prochain.

Puisque rien ne se perd, pas une prière, pas une souffrance et que « la souffrance acceptée et offerte constitue la prière par excellence[2] », offrir cet ensemble non seulement pour expier et réparer mes fautes personnelles, mais aussi pour les âmes qui me sont chères ou qui en ont besoin, au delà

1. Bossuet.
2. Madame Leseur.

encore pour les plus délaissées, les plus dévoyées, enfin pour que vive la France glorieuse et que triomphe la sainte Église.

Dieu répartira.....

17 Août.

Prier, lire, méditer, me battre contre mes rêves; voilà toutes mes occupations. Et je ne trouve même pas le temps de m'en acquitter convenablement. Il y a toujours quelque chose qui cloche.

Lamentable imperfection de nos êtres où l'esprit est accouplé à la chair.

Ainsi y a-t-il des moments où les élans de mes facultés spirituelles me transportent dans le ravissement d'ineffables tendresses, d'autres où mon pauvre cœur est encore tout ravagé de pensées mauvaises, de souvenirs sensuels.

19 Août.

Ma vie quotidienne, si stagnante et réduite soit-elle, ne manque pourtant pas d'événements insignifiants : petites vexations, petites privations, petites déceptions, en elles-mêmes très terre à terre. Il ne suffit pas de supporter tout cela, il faut l'accepter avec une grande humilité et savoir le faire servir à l'abaissement de mon orgueil, encore beaucoup trop vivace, puis ne rien perdre, tout offrir, comme je le disais dernièrement, en bloc, pour racheter mes fautes et surtout afin de mériter des grâces pour les âmes qui sont encore dans la période d'aridité, celles qui ne soupçonnent pas le don de Dieu.

21 Août.

Crachin normand dans toute sa beauté.

Crachin ou crassin, on dit les deux; j'aime mieux crachin qui est plus expressif.

C'est comme si ma fenêtre était tendue d'une toile métallique à travers laquelle je verrais mon habituel paysage de verdure et d'arbres. De temps à autre, un coup de vent fait des remous dans cette nuée régulière de gouttelettes. La toile métallique ondoie comme une chose vivante.

*
* *

Très doucement la fièvre diminue, mais beaucoup de symptômes mauvais demeurent. Est-ce un court entr'acte avant la scène finale, la grande? ou vers quel état intermédiaire suis-je en train de m'acheminer? Véritable larve, à la vie physique quasi nulle! Que d'angoisses à l'horizon pour quand viendra le pluvieux automne!

Mon pauvre corps! Comme il m'est lourd à moi-même, encore plus lourd de tout ce que je le sens lourd pour les miens!

La vie spirituelle qui devrait être d'autant plus intense, si souvent distraite, si difficile à maintenir dans le rythme vivace.

Que cet idéal est loin!

La torpeur de ma vie physique me paraît souvent comme contrebalancée par une agitation extrême de ma vie intellectuelle. Pourquoi ce trépidant jazz-band de mes pensées? Dire qu'il faudrait tant de calme pour me posséder!

Enfin lutter, lutter pour pouvoir prier.

Oui, mon Dieu; mais donnez-moi bientôt la Paix, votre Paix.

23 Août.

Dimanche. Il n'a pas plu avant l'eau bénite. Voilà un bon signe, d'après la croyance populaire, pour la semaine prochaine.

*
* *

Fréquentes pensées pour deux anniversaires proches, très différents, mais de prédilection tous deux, avec je ne sais quelle mystérieuse attirance pour cette époque.

Est-ce l'appel du temps?

L'un, le 7 septembre, ne compte encore que quelques années : âme de jeune homme, très pure et très enthousiaste, cueillie en pleine guerre[1].

L'autre, le 4 octobre, septième centenaire de la mort de saint François d'Assise, cet homme idéal qu'était le Poverello!

Je regrette pour cette occasion de n'avoir pas quelque bon ouvrage sur sa vie : il y a tant de sublime à y gagner.

Je me contente de vivre avec des souvenirs, d'anciennes notes et une grande reproduction de la « dernière communion de saint François » par Rubens, le plus aimé des chefs-d'œuvre du maître anversois.

Mais une reproduction photographique n'est

---

1. Son cousin Bernard D.

jamais qu'une déception. Elle évoque pour moi, cependant, beaucoup de souvenirs visuels auxquels j'ajoute maintenant des sentiments jadis ignorés.

Dans ce corps de saint François mourant, penché, soutenu par ses frères, le côté sanglant, nu, puisqu'il ne voulait même pas posséder son froc, dans ce pauvre corps qu'on sent déjà inerte, presque décomposé et dont toute la vie est concentrée dans l'extase du visage, contemplant avec tant d'amour la Sainte Eucharistie, n'y a-t-il pas là, vraiment, d'inépuisables sources de méditations?

*
* *

Dans mes notes je retrouve celle-ci qui m'apporte un peu de douceur, un peu de réconfort même :

« Plus un homme en réalité devient meilleur, plus il se sent lui-même mauvais[1]. »

Alors pour moi, tout n'est peut-être pas encore perdu, malgré mes troubles, mes laideurs contre lesquelles je m'efforce de lutter et, qui si souvent, me semblent au contraire s'accroître.

Puisse de cette misère même, par votre grâce, ô Christ, naître un peu d'amélioration réelle.

Qu'il me soit enfin donné de Vous aimer, non pas comme je voudrais Vous aimer, mais comme Vous voulez être aimé.

24 Août.

Plutôt légère accalmie au physique.

Mais les idées! Quel hourvari dans ma tête et le grand mal que j'ai de disloquer et de rengainer

---

1. Saint François d'Assise, admonitions.

cette sarabande échevelée pour mettre un peu d'ordre là-dedans!

26 Août.

Un ciel bleu, d'un bleu de pastel, délicieusement fané. Des nuages délicieusement nacrés.

C'est très simple et très suave.

28 Août.

La soufflerie va moins bien. Apaisement relatif, dans mon crâne malade.

Profiter de ce répit accordé pour intensifier les bonnes habitudes de pensée. Ravitailler et fortifier les positions en attendant la prochaine offensive.

31 Août.

La source n'est qu'un filet d'eau, mais il s'écoule et le ruisseau capricieux instinctivement court vers d'autres eaux. Les ruisseaux grossis se joignent pour former les rivières.

Dès lors, plus constantes, plus sûres d'elles-mêmes, celles-ci ne semblent avoir qu'un seul souci, celui de s'enfler au fur et à mesure qu'elles progressent. En voit-on jamais décroître en cours de route?

Bientôt, attirant tout à lui, le fleuve roule majestueusement ses eaux profondes. Il s'achemine ainsi, paisible, toujours élargi, vers son embouchure qui est son apothéose, puisque là, ne faisant plus qu'un avec la mer, il semble aussi vaste qu'elle.

Ainsi l'amour, l'amour unique, l'amour divin qui germe dans nos cœurs ne doit-il avoir d'autre but que de croître sans cesse jusqu'à notre heure dernière, jusqu'à notre dernière minute terrestre où il doit atteindre, pour s'y confondre, à l'infini de l'amour qui est Dieu.

2 Septembre.

Physiquement, ça va mal.
Moralement, ça se maintient.

*
* *

Trouvé dans les pensées de Madame Leseur plusieurs choses excellentes, mais le diapason pour elle, je m'en rends compte parfaitement, est beaucoup plus élevé. Aussi suis-je obligé de... rectifier pour moi.

Ainsi :

« Les agitations, les amertumes et tout ce qui vient du dehors ou de notre être sensible, s'apaisent (vite?) lorsque nous faisons en nous un peu de silence et lorsque nous reprenons haleine près de Dieu. »

Parfait. Mais c'est déjà tout un travail que de faire en soi « un peu de silence »!

Et ceci, plein de vérité que je me permets de retoucher pour moi :

« Les âmes qui ont vécu longuement repliées au fond d'elles-mêmes et qui n'ont pu répandre au dehors leur plénitude, éprouvent parfois le besoin de s'épancher et (ceci est de moi) de déverser un peu de leur réserve intérieure.

« C'est le secret de certains écrits.....

« Les dépouillements extérieurs font la vie intérieure plus intense et le don de soi plus riche. »

*
* *

Écrirais-je jamais encore sur ce cahier?

Ou dois-je en rester là, sur ce demi-aveu qui n'est pas de moi, mais s'applique si bien à moi?

Mystère!

Que savons-nous des choses et des plans de Celui qui gouverne tout dans sa suprême sagesse et pour son inéluctable gloire?

Qu'importe! Si telle était ma tâche, oh! bien petite, bien imparfaite; et s'il plaît cependant au Souverain Arbitre de la juger accomplie.....

Nunc dimittis servum tuum, Domine, secundum verbum tuum, in pace.

*
* *

RECUEILLEMENT. — VEILLER ET PRIER AIMER ET ATTENDRE

« Accordez-moi votre grâce, ô très doux Jésus; qu'elle soit avec moi, qu'elle agisse avec moi et qu'elle demeure avec moi, jusqu'à la fin.....

« Faites que je désire et veuille toujours ce qui Vous est le plus agréable et ce que Vous aimez le plus.

« Que Votre Volonté soit la mienne et que ma volonté suive toujours la vôtre et ne s'en écarte en rien.

« Qu'uni à Vous, je ne veuille et ne puisse vouloir que ce que Vous voulez et qu'il en soit ainsi de ce que Vous ne voulez pas.

« Donnez-moi de mourir « *définitivement* » à tout ce qui est du monde « et à ses futilités orgueilleuses ».

« Faites que je me repose en Vous, par-dessus tout ce qu'on peut désirer et que mon cœur ne cherche sa paix qu'en Vous.

« Vous êtes la véritable paix du cœur, son unique repos; hors de Vous, tout est peine et inquiétude.

« C'est dans cette paix, c'est-à-dire en Vous seul, éternel et souverain Bien, que je m'endormirai et me reposerai[1].... »

Ainsi soit-il.

1. Prière de l'*Imitation*, l.-III, ch. xv, qu'il redemanda qu'on lui lût la veille de sa mort.

Les Frères DOULADOURE, imprimeurs, 39, rue Saint-Rome, Toulouse.
161 (15-8-1930).